W0033505

Die Insel Usedom

Die HERMANN HEINZ WILLE
Insel Usedom

Mit Zeichnungen von Otto Manigk

HINSTORFF

Die Deutsche Bibliothek - CIP-Einheitsaufnahme

Wille, Hermann Heinz:
Die Insel Usedom / Hermann Heinz Wille. Mit Zeichn. von
Otto Manigk. - Photomechanischer Nachdr. der Ausg. von
1953, 1. Aufl. - Rostock : Hinstorff, 1999
ISBN 3-356-00813-7

Photomechanischer Nachdruck der Ausgabe von 1953
© Hinstorff Verlag GmbH, Rostock 1999
1. Auflage 1999
Druck und Bindung: Werner Söderström
Osakeyhtiö-WSOY
Printed in Finland
ISBN 3-356-00813-7

Inhaltsverzeichnis

Vorwort zum photomechanischen Nachdruck der Ausgabe von 1953

Für den Autor ist es ein eigenartiges Gefühl, eines seiner ersten Bücher – geschrieben vor fast fünf Jahrzehnten für den Carl Hinstorff Verlag – als originäre Reprintausgabe mit den Illustrationen von Otto Manigk-Ueckeritz in den Händen zu halten.

Was in den Wirrnissen der ersten Nachkriegsjahre, als Hunderttausende Menschen, die ihre Heimat verloren hatten, fern von ihr – so auch auf der noch vom Kriegsgeschehen gezeichneten Insel Usedom – eine neue Heimat suchten und zu finden hofften, eine Verlegerpersönlichkeit wie Peter E. Erichson bewog, einen jungen Autor zu ermutigen, ein Heimatbuch über die Insel zu schreiben, ist im Geleitwort zur Erstauflage gesagt.

Ihr folgten mehrere Nachauflagen, ständig ergänzt, thematisch erweitert und buchkünstlerich neugestaltet, um den Lesern das neu Gewordene und das Werdende aufzuzeigen. So erscheint mir, im Rückblick betrachtet, der photomechanische Nachdruck der Erstauflage, für dessen Edition ich dem Verlag dankbar bin, als ein interessantes Zeitdokument.

Rostock, im November 1998
Hermann Heinz Wille

Ein Wort zum Geleit

Auf Usedom hat sich im Laufe der Jahrhunderte ein starkes, heimatverbundenes Menschengeschlecht entwickelt. Hunderttausende Schaffender verleben alljährlich ihren Urlaub auf der Insel. Hier haben seit 1945 Tausende Neubürger eine zweite Heimat gefunden. Ihnen allen ist das schmale Inselland zwischen Ostsee und Achterwasser ans Herz gewachsen. Seiner Schönheit und Eigenart gehören ihre Anhänglichkeit und Liebe.

Heimatliebe hat nichts mit geistiger Enge zu tun; sie gehört im Gegenteil zu den edelsten und stärksten Gefühlen, deren das Menschenherz fähig ist. Wer das Land kennt, in dem er lebt, dem bildet sich 'er Blick auch für das Große und Weite. Wer seine Heimat ꞵ ꞁnerlich besitzt, der wird sie auch behüten.

Aus so꜀ heraus entstand das Heimatbuch „Die Insel Т ꞏꞁbarkeit verbinden mich diesem in so viꞌ ꞌꞁeckchen Erde, dem ich meine schö ꞁhrten auch dem Buch die Feꞌ

Aꞌ nur wenige Wochen Zeit zum ꞏchien es mir anfangs ebenso ge- sich der Schaffung einer neuen ühlt, ein solch andersartiges Thema ꞏch mich jedoch mit dem Stoff be- ꞏnte ich, daß das Wissen um Zusam- Ɔinge, ein offener Blick und ein über- ꞏ Aussageberechtigungen sind.

ꞏmsjahr des Ostseebades Zinnowitz den ꞏnd am Meer" ein historisches Festspiel zu ꞏ Freude an der Arbeit meine letzten Be- ꞏon damals die Herausgabe einer Heimat- kunde ꞏ dom vorbereitet.

In beiden ꞏ. ꞏren mir die Aufzeichnungen, die ich seit vielen Sommern gemaꞏ. hatte, von großem Nutzen. Da ein Heimatbild nur dann über den Tag hinaus seine frischen Farben behält, wenn es die gesellschaftliche Entwicklung widerspiegelt, studierte ich besonders sorgfältig und nicht immer ohne Schwierigkeiten die alten, oft schon ausgeschöpften Quellen, um sie unter einer neuen Sicht auszuwerten. Dabei fand sich manche Kostbarkeit, die bisher im Verborgenen schlummerte, und es zeigte sich, daß die Vergangenheit durch unzählige Fäden mit der Gegenwart und ihren Fragen verknüpft ist.

Das Wertvollste jedoch fand ich auf Streifzügen und Wanderungen durch das Land und im Gespräch mit dessen Menschen. Immer wieder standen mir Fischer, Bauern und Lehrer im Interesse der guten Sache mit Rat und Tat zur Seite. An manchen Türen klopfte ich aber vergebens. Das soll nicht verschwiegen werden.

In dem nun vorliegenden Buch habe ich versucht, ein anschauliches und lebensvolles Bild von einem Stück Heimaterde zu gestalten, die Insel und ihre Menschen so darzustellen, wie sie sind und wie sie geworden sind. Vergangenheit und Gegenwart reichen sich darin die Hand und weisen den Blick auf die Zukunft. Neben dem Historischen, das uns zeigt, wie das Land gewachsen ist und durch welche Schicksale die Bevölkerung geprägt wurde, stehen gleichberechtigt die Schilderungen des wirtschaftlichen und kulturellen Lebens.

Ohne nach lexikalischer Vollkommenheit zu streben, will das Heimatbuch ein zuverlässiger Wegweiser sein und einen tieferen Einblick in die Lebensverhältnisse und besonderen Lebensbedingungen der Inselbewohner gewähren. Für die Besucher Usedoms, die Werktätigen aus Fabriken und Kontoren, die gleich mir als Erholungssuchende am sommerlichen Strand Freude und Entspannung, aber auch Kraft zu neuem Schaffen suchen, ist das Buch zunächst bestimmt.

Sollte meine Arbeit darüber hinaus auch Heimatfreunde und volkskundliche Arbeitsgemeinschaften anregen, die in Zukunft dazu berufen sind, die alten Chroniken zu durchforschen, die Sagen der Heimat zu sammeln, Brauchtum und Volkskunst neu zu erwecken, dann hat das Heimatbuch „Die Insel Usedom" die Aufgabe erfüllt, die ihm Autor und Verlag stellten.

Möge die Liebe, mit der der Verleger und ich an dem Buch arbeiteten, im Gemüt seiner Leser widerklingen.

Hermann Heinz Wille.

Land am Meer

Von ferne schon hörst du sein Lied; sein zorniges Stöhnen und kraftvolles Brausen; und die silberweißen Möwen, die mit lautlosem Flügelschlag über die flachen Kämme der Sanddünen streichen, tragen dir seinen Gruß entgegen.

Später, wenn du am schroff abfallenden Rand der von Buchen beschatteten Steilküste stehst, liegt es dir zu Füßen. Endlos dehnt es sich bis zum fernen Horizont, wo es weich und silbrig, wie flüssiges Blei, in den tiefblauen Himmel verrinnt. Das ist das Meer, in unbekümmert freier Größe und nie entweihter Ewigkeit... Jahrtausende alt und dennoch jeden Tag mit einem neuen, jungen Gesichte grüßend. Lachend heiter in fließender Bläue zur Sommerszeit; grau und wild im Herbst, wenn der Nordwest die Wellen peitscht; grün und zutraulich am Morgen, wenn die Sonne steigt; rot wie geschmolzenes Erz, wenn sie am Abend untergeht...

Und dort hinter den kupfergelben Hügeln des Strandes leuchten, lachenden Gesichtern gleich, die weißen Häuser am Meer, in deren breiten Fenstern die Sonne sich spiegelt. Weiter nach Südwesten zu glitzert ein Streifen blendendhelles Wasser, das Haff, der breite Peenestrom und das Achterwasser mit schilfumstandenen Buchten, in denen Wildvögel horsten; Moore und Sümpfe von geheimnisvoller Tiefe...

Wie Kinderspielzeug stehen die Fischerhütten mit ihren grün bemoosten Walmdächern in den Hügelmulden. Inmitten dunkler Buchenwälder haben verträumte Seen ihre hellen Augen aufgetan. Griesgrämig hocken auf niedrigen Lehmkuppen halbzerfallene Windmühlen. In feierlichem Sinnen stehen die kleinen mittelalterlichen Kirchen. Zwischendurch wellen sich weite, goldene Ährenfelder unterm Sommerwind.

Der Tag ist so klar, daß man den Leuchtturm auf der fernen Oie, der nachts seine Lichtbänder in die Dunkelheit flicht, die weißen Kreidefelsen und den kleinen Turm des Jagdschlosses bei Binz auf Rügen sehen kann. Ein paar Fischerboote mit rostbraunen Segeln tuckern langsam ihrem Fangplatz zu. Hinter ihnen raucht in der Ferne ein weißer Dampfer auf . . .

Das ist das eigenartige, abwechslungsreiche, von Wind und Wellen in jahrtausendewährender Arbeit geformte Bild der Landschaft von Usedom, das alle Schönheiten der deutschen Ostseeküste in sich vereinigt.

Durch die aus der Gegend südlich Malchin kommende Peene und das Kleine Haff, einen mächtigen, von den Wassern der Oder gespeisten Süßwassersee, vom Festland getrennt, durch den Swinestrom von ihrer Nachbarinsel Wollin geschieden, erstreckt sich Usedom wie eine kurze, gedrungene Hantel zwischen Ueckermünde und Kröslin vor der mecklenburgischen Küste.

Mit einer Länge von 55 Kilometern und einer Breite, die durch die Zerrissenheit der Insel zwischen einem halben und fünfundzwanzig Kilometern schwankt, ist Usedom mit einer Gesamtfläche von 408 qkm nach Rügen (mit 926 qkm) die zweitgrößte deutsche Ostseeinsel. Im Nordosten wird sie von den Wellen der Ostsee bespült, im Südwesten durch das Achterwasser, eine haffartige Ausbuchtung der Peene, in zwei große Abschnitte geteilt, welche die beiden Kugeln der Hantel bilden. Zwischen Zempin und Koserow ist der Usedom-Ahlbecker Südteil mit dem kleineren Zinnowitz-Peenemünder Nordteil durch eine schmale Landbrücke, die an der versandeten Mündung des kleinen Flusses Ryck kaum mehr als 330 Meter breit ist, nicht besonders fest verbunden.

Über diese Landbrücke führt die Inselbahn, die von Wolgast-Fähre aus in weitem Bogen den Nordteil der Insel, den Wolgaster Ort, durchzieht und bei Zinnowitz die Richtung nach Ahlbeck einschlägt. Parallel zur Wolgast-Ahlbecker Chaussee, einer modernen Autostraße, die seit einem halben Jahrhundert an Stelle der mittelalterlichen, versandeten Landstraße getreten ist, fährt die Eisenbahn hinter Zinnowitz am Rande des schmalen Waldstreifens entlang, der die Seeküste begleitet. Der Blick aus dem Abteilfenster gleitet im Südwesten immer wieder über das Achterwasser, in dessen weite, wellige Wasserfläche sich die Ufer mit ihren vielen großen und kleinen Buchten schieben.

Die Namen auf den Stationsschildern sind seit langem weithin bekannt. Wie auf einer Perlenschnur reiht sich ein Badeort an den anderen. In Karlshagen-Trassenheide verlassen die ersten Urlauber mit ihrem umfangreichen Gepäck erwartungsvoll den Zug. Nicht anders ist das Bild in Zinnowitz, Zempin, Koserow und Ueckeritz. Beim Haltepunkt Schmollensee erreicht die Bahnlinie den Südteil der Insel. Durch das lichte Grün der Buchen schimmern der Schmollensee, der Große Krebssee bei Bansin und der Gothensee. Dicht aufeinander folgen die Bahnhöfe der drei weltbekannten Seebäder Bansin, Heringsdorf und Ahlbeck. Hier verlassen die letzten Reisenden den Zug und haben es eilig, möglichst am gleichen Tage noch der See Guten Tag zu sagen.

Unwillkürlich drängt sich die Frage auf: Wer von den vielen Menschen, die jedes Jahr ihren Urlaub auf der Insel verbringen, weiß denn Näheres von Usedom, von seinen verborgenen Schönheiten, die abseits der lärmenden Straßen liegen? Wer kennt die Vielfalt und Fülle des Lebens, das hier wächst? Wer weiß von dem Kampf, den Land und Meer seit undenklichen Zeiten gegeneinander führen und der auch den Inselbewohnern seinen Stempel aufdrückte?

Die alten Fischer, die schweigend im warmen Sonnenschein des späten Sommertages vor ihren Hütten sitzen und ihre oder ihrer Kinder Netze flicken, können mancherlei erzählen. Erzählen vom Kampf mit dem Meer, das ihnen Heimat ist, von seiner ungestümen und zerstörenden, aber auch von seiner aufbauenden Kraft. Gelingt es dir nicht, ihre Zungen zu lösen, dann achte ihre Schweigsamkeit, zu der das Meer und ein hartes Tagewerk sie erzogen, und wende dich beredteren Zeugen zu.

Gleicht die Natur nicht selbst einem großen Buch, in dem ihr Werden und Vergehen geschrieben steht? Sie will nur mit offenen Augen durchwandert und auf ihre Weise verstanden sein.

Der Streckelberg bei Koserow, die höchste Erhebung der Insel, mit seiner unter dem Ansturm der Wellen geborstenen Mauer, das Kliff der Kalkberge bei Heringsdorf, die orgelpfeifenartigen, aus der Eiszeit stammenden Strudellöcher bei dem südlich Zinnowitz gelegenen Dörfchen Krummin, die sagenumwobenen Teufels- und

Riesensteine im Lieper Winkel, einer kleinen Halbinsel, die trotzig wie eine geballte Faust in das Achterwasser ragt, im Balmer See und bei Koserow, sie alle künden vom erdgeschichtlichen Werden des meerverbundenen Landes. So begegnet der Naturfreund auf Usedom überall den Zeugen längst vergangener Zeiten.

Nicht selten hat sich dieser Dinge die Sage bemächtigt, die z. B. von einem Riesenstein im Balmer See zu berichten weiß: „In ollen Tiden, as de Riesen hier tau Lann west sin, dei häft, as dat Kloster tau Pudogla bugt was, einen groten Stein namen un hätt den — man wet nich, is et von Lassan oder vamern Höfter Barg bei Loddin west — nat Kloster dal smeten. Averst de Stein is em ute Fingers utplitzt un is uppen Kamker Barg bi Pudogla dal fallen un is dunn von baben runner trüelt un int Water liggen blewen, wo hei noch tau seihn is. Wil dumm averst de Stein noch wassen deen, is de Stein so weik west, dat de fif Fingers van den Riesen sik indrückt hebben, un dat is hütendags noch tau seihn."

Wer jedoch erlebt hat, wie an stürmischen Herbsttagen der Nordost mit voller Wucht von weither über die See heranbraust, Sand und Wasser miteinander mischt und die Schaumköpfe der Wellen gierig gegen die Ufer schlägt, kann der Sage keinen Glauben schenken. Der weiß, daß es andere Kräfte als die der Riesen und Teufel gewesen sind, die schon Jahrtausende vor der Erbauung des Pudaglaer Klosters die eigenartigen Granitblöcke, die sich über die ganze Insel verstreut finden, ins Land schleuderten und daß in jenen fernen Zeiten die Umrisse Usedoms anders geprägt waren als heute.

Während unsere Kinder schon in der Schule die Entstehung des Norddeutschen Tieflands kennen lernen, schrieb vor kaum hundert Jahren der um die Erforschung der Geschichte der Insel verdiente Chronist Wilhelm Ferdinand Gadebusch über die Entstehung des ‚Landes Usedom': „Ihr Ursprung verliert sich in dem Dunkel der Vergangenheit, auf welches kein Lichtstrahl fällt... Wie es gewesen, wie lange diese Bildung gedauert, wer kann es ergründen?"

Bestrebt, der Natur hinter die Kulissen zu schauen, gelang es erst der modernen, geologischen Forschung, in das, die alten Sagen und Ursprungsmärchen umkleidende, „mittelalterliche Dunkel" Licht zu bringen.

Die auffallend weiße Kreide an der Steilküste von Rügen gab in den dreißiger Jahren des vorigen Jahrhunderts den Anlaß zur ersten erdgeschichtlichen Durchforschung Norddeutschlands. Dabei stellte man fest, daß die Insel Usedom — wie die gesamte norddeutsche Tiefebene und die Ostsee mit ihren jetzigen Umrissen und Tiefen — ihre heutige Oberfläche im wesentlichen der Eiszeit, auch Diluvium genannt, der jüngsten Stufe der vor rund sechzig Millionen Jahren beginnenden „Neuzeit" der Erdgeschichte verdankt.

Das ist so unvorstellbar lange her, daß wir uns von jenen fernen Ereignissen kaum einen rechten Begriff zu machen vermögen. Für den aber, der die „Usedomer Schweiz", die Umgebung von Bansin und dem Gothensee durchwandert, schrumpfen die ungewohnten, Jahrmillionen umfassenden Zeiträume zusammen. In der aus nordischem Geschiebemergel bestehenden „Buckligen Welt", die mit den kleinen, zwischen niedrigen Kuppen eingebetteten Seen für das Küstenland der Ostsee und den nördlichen Landrücken charakteristisch ist, erblickt er eines jener vorzeitlichen Landschaftsbilder.

Mindestens dreimal hintereinander wälzten sich damals die gewaltigen Gletscher des skandinavischen Inlandeises strahlenförmig über riesige Landflächen und bedeckten Norddeutschland mit einer bis zu eintausend Meter hohen Eisdecke. Sie erstreckten sich im Osten bis zum Mittellauf des Dnepr und dem Oberlauf des Don, im Westen bis weit über den Rhein und kamen im Süden in der Gegend von Chemnitz, am Fuße des „Silbernen Erzgebirges", zum Stehen. Alles, was sich der unaufhaltsam vorwärtsschiebenden Eisdecke auf ihrem Wege entgegenstellte, besonders in den südschwedischen Granitgebirgen, wurde von dem Druck des Gletschereises abgehobelt, zermahlen und als Felsblöcke und Gesteinsschutt weit nach dem Süden getragen.

Unter der Eisdecke brausten in weitverzweigten Urstromtälern gewaltige Schmelzwasserströme. Auch die Oder, die damals vermutlich nach Süden floß, da das Eis ihren Abfluß nach dem Norden blockierte, bildete ein solches Urstromtal. Erst viel später, vor etwa 18 000 Jahren, zog sich das Eis etappenweise aus Deutschland zurück. Nach dem Abschmelzen des Eises bedeckte das von den Gletschern südwärts transportierte Gestein die eisfrei gewordenen Gebiete als Grundmoränen.

Auch die Hochebene, die sich vom Ufer des Schmollensees bis zum Kleinen Haff erstreckt, der sagenumwobene Golm und die Mellenthiner Heide südlich der von Usedom nach Swinoujscie (Swinemünde) führenden Chaussee sind beredte Zeugen der Vergangenheit. Hier, am Rande der Gletscher, wo das Eis zuerst abschmolz,

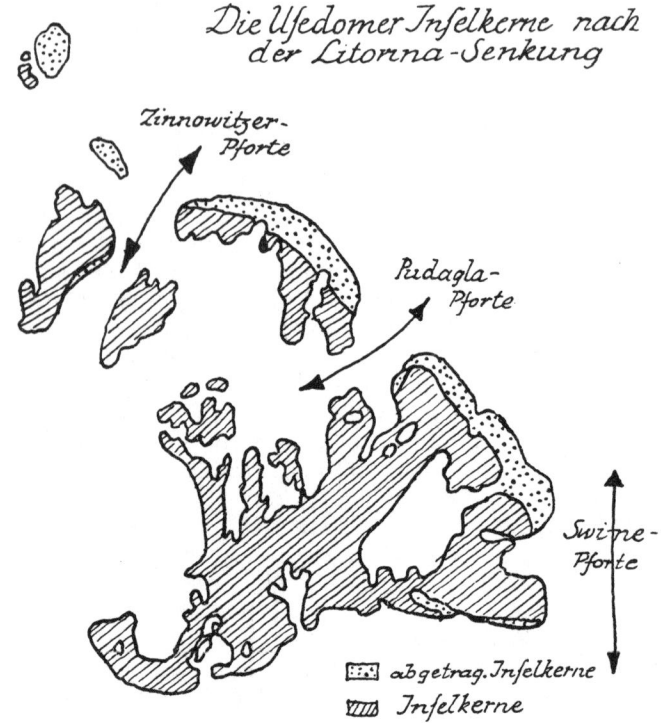

Die Usedomer Inselkerne nach der Litorina-Senkung

Zinnowitzer-Pforte

Pudagla-Pforte

Swine-Pforte

▣ abgetrag. Inselkerne
▨ Inselkerne

bildeten sich die stärksten Schuttablagerungen, die Erdmoränen. In dieser Gegend finden sich die Geschiebe von oft umfangreichen Granitsteinen am häufigsten. So ist unsere heimische Landschaft ein getreues Abbild des großen Eises in seiner Sterbestunde geblieben.

Leider sind die meisten der unersetzlichen Naturdenkmäler der Eiszeit von unseren baulustigen Vorfahren zerstört, vernichtet und realeren Verwendungszwecken zugeführt worden. Da es auf der Insel keine Steinbrüche gibt, fanden die Findlinge als wertvolles Baumaterial beim Häuser- und Straßenbau willkommene Verwendung. Im Südteil der Insel, besonders in der Umgebung der kleinen Dörfer Benz, Neppermin, Mellenthin und Morgenitz, wurden sie zu Hunderten zu ungefügen, trotzigen Mauern um Kirchhöfe, Gärten und Gehöfte aufgebaut oder in das Packlager der Straßen versenkt. Ein solcher Findlingsbau des 16. Jahrhunderts ist die turmlose Kirche in Garz. —

Mit dem endgültigen Rückzug gab das Eis nicht nur das Land, sondern auch die weiter nördlich gelegene große Einsenkung frei, in die nun das Meerwasser eindrang und die Oder und andere Flüsse ihre Schmelzwasserströme ergossen. Das war die Geburtsstunde des „Mare Balticum", des Mittelmeers des Nordens, wie es die Alten nannten, die Geburtsstunde unserer Ostsee. Freilich zeigte sie damals ein anderes Gesicht als heute, und mehr als einmal veränderten sich während ihrer Entwicklung ihre Züge.

Im vergangenen Sommer zeigte mir ein alter Zinnowitzer Heimatforscher einen 1945 bei Zinnowitz gefundenen Mammutbackenzahn von der Größe und dem Gewicht eines Ziegelsteines. Mammutknochen fand man um die Jahrhundertwende auch am Streckelberg und in der Wolgaster Gegend. Diese Fossilien beweisen, daß dort, wo heute in den Sommermonaten wimpelgeschmückte Strandkörbe stehen und lachende Kinder ihre Burgen bauen, dereinst Mammuts und Nashörner, Polarrentiere und Höhlenbären hausten.

Während jenes ersten Ostseestadiums, etwa um 8000 v. d. Ztw. (nach dem Leitfossil dieses Stadiums „Yoldiazeit" genannt), lag ihre Südgrenze bedeutend nördlicher als heute. Rügen, Usedom-Wollin und die kleine Insel Oie bildeten bis zur Oderbank festes Land. Im Westen führte über die dänischen Inseln und Bornholm eine feste Landbrücke von der deutschen Küste nach Skandinavien hinüber. Durch die mittelschwedische Senke in der Nähe des Mälarsees stand das Yoldiameer, auf dem die Gletscherreste des Inlandeises als Eisberge trieben, mit dem Atlantischen Ozean und durch die Niederung zwischen Ladoga- und Onegasee mit dem heutigen Barentsmeer in Verbindung und trug völlig polaren Charakter. Das und manch anderes mehr könnte der Mammutzahn erzählen.

Etwa zweitausend Jahre später hob sich das nördliche Ostseegebiet, die Verbindung mit dem Ozean wurde unterbrochen, und es entstand, durch Zuflüsse aus dem europäischen Binnenlande gespeist, ein völlig veränderter Süßwassersee, die Ancylus-Ostsee. Zwischen diesen beiden Perioden vollzog sich vermutlich die Bildung der Haffe an unserer Ostseeküste. Aber die Naturkräfte gaben sich auch mit dieser Umgestaltung des Landes noch nicht zufrieden.

Einer Waagschale gleich, begann sich im weiteren Verlauf der Niveau-Veränderungen der Ostsee das südliche Küstengebiet langsam, aber unaufhörlich zu senken, so daß das Meer weit ins Land vordringen konnte. Die Landbrücke, die Norddeutschland mit Skandinavien verband, verschwand, und es entstand mit dem Kattegat zwischen Nord- und Ostsee jene tiefe, noch heute bestehende Verbindung, die dem Meerwasser abermals den Weg in das Ostseebecken öffnete. Der Süßwasser-Binnensee verwandelte sich in ein Salzwassermeer zurück.

Nach einer kleinen Nordseeschneckenart, die sich mit dem eindringenden Meerwasser weithin verbreitete, wird dieses Stadium als Litorinazeit und die bis zu fünfzig Metern betragende Senkung als Litorinasenkung bezeichnet. Für die geologische Gestaltung Usedoms ist diese Periode von größter Bedeutung gewesen, und noch heute sind ihre Spuren überall auf der Insel zu finden.

Vom Litorinameer überschwemmt, verwandelte sich alles Tiefland in Meeresboden, aus dem sich die höheren Landteile als Inselkerne erhoben. Damals glichen die Odermündungen einem wildzerklüfteten Inselarchipel. Den größten Inselkern bildete der Südteil der Insel mit dem Langen Berg bei Bansin, dem Kulm und der Neuen Welt bei Heringsdorf, den Zirowbergen und den Kalkbergen südöstlich Ahlbeck, dem Golm und den zahlreichen niedrigen Kuppen des halbinselförmigen Usedomer und Lieper Winkels.

Von diesen Höhenzügen umgeben, glich das im 18. Jahrhundert trockengelegte Thurbruchbecken einem einzigen, großen See.

Der Streckelberg, die Pagelunsberge bei Ückeritz und das von der Sage erwähnte Loddiner Höft mit dem Galgenberg, das seine kräftige Nase kühn ins Achterwasser streckt, gehörten zum mittleren Inselkern. Der Zis- und Glienberg bei Zinnowitz, die südlich davon gelegene Halbinsel Gnitz und der Wolgaster Ort, die den nordwestlichen Teil der Insel gliedern, bildeten das dritte Kernarchipel. Dazwischen brauste mit wilder Gewalt das Meer. Kleinere Erhebungen, die der ungestümen Brandung zum Opfer fielen wie die Oderbank, das Zinnowitzer und Koserower Riff, gelten bis heute als gefährliche Untiefen für die Schiffahrt und beliebte Laichplätze für die Fische.

Die Überreste der drei größten Meerespforten, der Zinnowitzer, Pudagla- und Swinepforte sind ebenfalls noch feststellbar, am deutlichsten bei der schmalen Landbrücke südöstlich Zempin. Außer

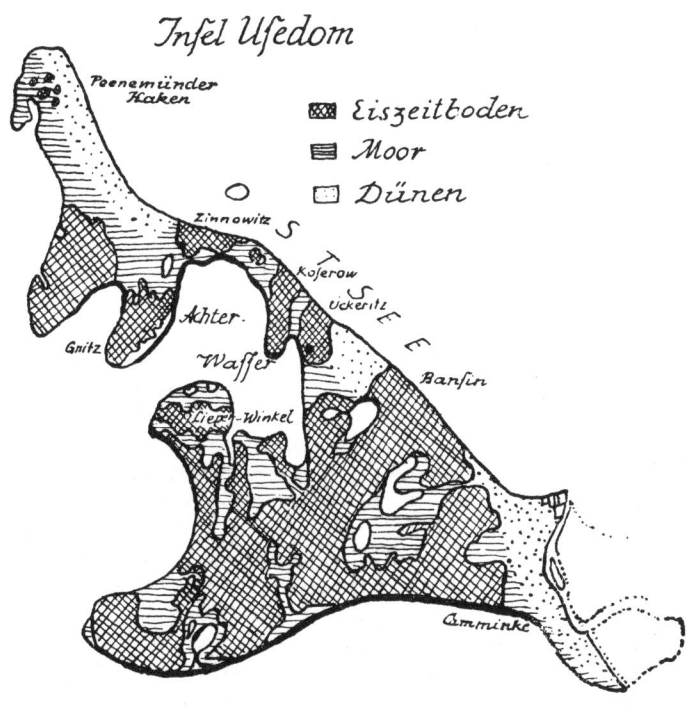

Insel Usedom

- ▨ Eiszeitboden
- ▤ Moor
- ▢ Dünen

Poenemünder Haken

Zinnowitz

Koserow

Uckeritz

Achter-

Gnitz

Waffer

Bansin

Liepen-Winkel

Ostsee

Cammink

dem kleinen von den Fischern als Hafen benutzten Ryck, bezeichnete hier ein bis in die zweite Hälfte des vorigen Jahrhunderts sichtbarer flacher Teich die Lage der ehemaligen Meerespforte. Als der Wasserspiegel zu steigen aufhörte, begann in allen abgeschlossenen Wasserflächen des Hochlandes und in den geschützten Buchten am Achterwasser, am Haff und an der Peene die pflanzliche Verlandung. Durch das sich ansetzende alluviale (neuzeitliche) Schwemmland wurden die diluvialen (eiszeitlichen) Inselkerne miteinander verbunden. In der gleichen Zeit entstanden auf der Seeseite der Insel die Ausgleichsküste und die Dünen. Das vom Meer dem Land entrissene Erdreich spülte es an anderer Stelle als Dünen wieder an die Küste. So erwiesen sich Wind und

17

Wellen als die großen Baumeister, die der Insel ihren herrlichen breiten Badestrand und das uns vertraute Profil gaben.

Ein solcher Landstrich, der vom angetriebenen Sand geformt wurde, ist der flache Peenemünder Haken, die äußerste Nordwestspitze der Insel Usedom. Er reicht nördlich fast bis zur Insel Ruden heran, die ebenfalls einer großen Sandbank gleicht. Auch der flache Küstenstreifen zwischen Ahlbeck und Swinoujscie ist deutlich als Schwemmland-Bildung zu erkennen.

Der jahrmillionenwährende Bildungsprozeß vollzog sich nur langsam und unauffällig. Selbst für den Menschen war er kaum wahrnehmbar und er ist heute noch nicht abgeschlossen. In jedem Augenblick, mit jeder Welle, die gegen die Ufer schlägt, ändert sich das Landschaftsbild und so wird es immer sein. Das läßt sich an gegenwärtigen Beispielen sichtbar verfolgen.

Der namenlose See bei Usedom im südlichsten Winkel der Insel, ein stiller, verträumter und früher sehr fischreicher Waldweiher, verlandet immer mehr. Eines Tages wird er ganz von der Karte verschwunden sein. Nicht anders mag es dem Wolgastsee bei Korswandt dicht an der deutsch-polnischen Grenze ergehen, der in alten Zeiten noch ein breiter Wasserarm zwischen der Swinepforte und dem Thurbruch war. An Stelle der Parchenwiesen bei Heringsdorf breitete sich früher die dunkelgrüne Wasserfläche des Parchensees. Heute sind die Parchenwiesen saftiges Weideland.

In den vergilbten Urkunden des 13. Jahrhunderts wird wiederholt die „insula Gniz" erwähnt. Der Große Strummin, ein schmaler Wasserarm der Peene, der bis ins 13. Jahrhundert in der Nähe der heutigen Zinnowitzer Seebrücke in „das Salzwasser floß" und den Gniz von Usedom trennte, ist längst versandet. Nur noch der Flurname „Bollbrücke" erinnert auf dem Wege zwischen Zinnowitz und Neuendorf an die alte Zeit, während der Gniz mit seinen zahlreichen Hügelkuppen längst zur Halbinsel geworden ist.

Trotzdem wäre es voreilig, aus all dem, was über das Werden, besonders aber über die Verlandung der Insel gesagt wurde, anzunehmen, daß Usedom mit Ausnahme der Inselkerne „auf Sand gebaut" ist. Geologische Untersuchungen in Verbindung mit Tiefenbohrungen haben ergeben, daß das Fundament der Insel, gleich Rügen, auf einem teilweise bis zu einhundert Metern tiefen Kreidelager ruht, das von mächtigen Ton-, Mergel- und Kalkschichten bedeckt ist, die stellenweise von rotem, eisenhaltigem Sandstein durchbrochen werden. Außerdem erstreckt sich durch die ganze

Insel eine Soleschicht, deren Solegehalt bis zu 5 % beträgt. In Heringsdorf und Swinoujescie hat man die Solelager mit gutem Erfolg zu Kurzwecken erbohrt.

Auf dem Gnitz, im Wolgaster Ort und im Usedomer Winkel ziehen im Frühjahr die Traktoren der MTS Mölchow und Stolpe den Motorpflug über die ehemaligen Kloster- und Herrenfelder, die seit 1946 den Neubauern gehören, und fahren fruchtbare, schwarze Erde auf. Hier gedeihen nicht nur Roggen und Hafer wie bei Koserow, Zinnowitz und Ahlbeck, sondern auch Weizen und Zuckerrüben.

Die drei charakteristischen Hauptlandschaften der Insel sind die buchenbestandene Steilküste mit ihrem reizvollen Höhenweg, der mit kurzen Unterbrechungen von Bansin bis Zinnowitz führt, das flache Verlandungsgebiet mit seinen harzigen, windzerzausten

Kiefernwäldern und die Moore und Wiesen auf der Haff- und Achterwasserseite. Jedes einzelne dieser Landschaftsbilder ist von eigenem Reiz, der es lohnt, dem bunten Gewimmel am lachenden Strand, und wenn auch nur für einen Tag, den Rücken zu wenden um den weniger bekannten Teil der Insel zu durchwandern. Die Schönheiten der Natur versprechen reichen Gewinn, und das Auge des Wanderers wird des Schauens nicht müde.

Eigenartig schön ist das alte Klosterdorf Krummin südlich Zinnowitz, an einer breiten Ausbuchtung der Peene, der Krumminer Wiek gelegen. Selten nur verirrt sich ein Auto in die stille Abgeschiedenheit dieser Gegend, die im frühen Mittelalter ein bedeutendes politisches Zentrum Usedoms bildete. Auch Pudagla am Fuße des Glaubensberges läßt ein Stück Geschichte der Insel lebendig werden. Am Ufer des Schmollensees entlang führt die sanft ansteigende Pappelallee zu jenem Ort, der nahezu drei Jahrhunderte den Prämonstratenser Mönchen als Wohnplatz diente. Bekannter ist schon das Forsthaus Fangel am Rande des Großen Krebssees bei Bansin. Die zwanzig Minuten südlich von Fangel sich erhebende Viktoriahöhe gewährt einen der ausgedehntesten Überblicke auf das Innere der Insel. Einer Landkarte gleich liegt das von tiefblauen Gewässern durchzogene Land von der Ostsee bis zum Haff zu Füßen des Berges ausgebreitet.

Weiter führt der Weg durch schattige Wälder, Wiesen und Moore nach Benz und Mellenthin mit seinem sehenswerten Herrenhaus, einem kleinen Wasserschloß. Dann und wann taucht ein Dorf auf und säumt die Straße, hier und da liegen ein einzelnes Gehöft, ein stiller Weiher oder eine halbzerfallene Windmühle am Wegrand. Südlich davon breitet sich die Mellenthiner Heide und der Usedomer Forst mit der Försterei Waschensee, dem alten Kiebitzkrug und anderen stillverborgenen Plätzen. Das ist für die meisten schon eine andere, eine fremde Welt. In dieser stillen Abgeschiedenheit hat manches Dorf sein heimliches Gesicht bis auf den heutigen Tag bewahrt.

Dort aber, wo der Wald sich öffnet, fällt der Blick auf das mittelalterliche Usedom mit seinen Türmen und halbzerfallenen Mauern. Es wächst mit seinen niedrigen Häusern unvermittelt aus dem ebenem Lande. Spiegelgleich leuchtet hinter den alten Amtsmühlen der Usedomer See, während die tief im Westen stehende Sonne das Haff wie mit Feuer übergießt. —

Unterschiedlich wie die Bodenformen der Insel sind die Tiefen der See. In allen Badeorten zwischen Trassenheide und Ahlbeck,

in denen Fischer und Künstler während der Sommermonate Vorträge über „Land und Leute auf Usedom" halten, werden sie von den Badegästen immer wieder danach gefragt.

Die größte Tiefe der Ostsee wird in dem nördlich der Insel Gotland gelegenen Landorttief mit 427 m gemessen, ihre durchschnittliche Tiefe beträgt 70 m. Zwischen Rügen und Usedom erstreckt sich ein flacher als 20 m gelegenes Gebiet, das die bis 7 m aufsteigende Oderbank trägt. Am Ostausgang des Greifswalder Boddens ist die Ostsee nur 1 m tief, und nur durch jährliche Baggerungen kann hier die Fahrtrinne nach Stralsund offen gehalten werden.

Die Untiefen erinnern daran, daß Usedom in fernen Zeiten mit dem Mönchsgut von Rügen in Verbindung stand, die erst im Jahre 1309 von der „Allerheiligenflut" unterbrochen wurde.

Im Vergleich zu den Weltmeeren, deren Durchschnittstiefe nahezu 4000 m beträgt, und zu der größten Meerestiefe, die erst vor kurzer Zeit im Mindanograben bei den Philippinen auf 14 400 m festgestellt wurde, gleicht die Ostsee einer flachen Schüssel. Bedenken wir aber, daß selbst ein mit den modernsten Apparaten ausgerüsteter Taucher nicht tiefer als 200 m unter Wasser gehen kann, so bekommen wir doch Achtung vor den Küstenfischern, die sich und ihr Boot tagtäglich furchtlos dem Meere anvertrauen und bei Wind und Wetter ihr schweres Tagewerk vollbringen.

So bestimmt das weite, unendlich scheinende Meer, dessen jenseitiges Ufer von Usedom aus nirgends zu sehen ist, seit jeher den Pulsschlag des Lebens auf der Insel und wird ihn auch in Zukunft mitbestimmen. Mit gutem Recht haben unsere slawischen Vorfahren diesem schönen Stück Land den Namen „Po morze" — Land am Meer — gegeben. Es darf nicht unerwähnt bleiben, daß dieser Name ebenso wie der daraus hervorgegangene Volksname Pomoranen (später Pommern) zuerst in polnischen Quellen auftritt. Immer wieder und immer aufs neue begeistert uns der Anblick der See und zieht uns unwiderstehlich an. Es ist, als fühle man seinen Wellenschlag im Pulsschlag des eigenen Blutes.

Mit Steinbeil, Hakenpflug und Streitaxt

Im zeitigen Frühjahr, wenn der stählerne Pflug des Bauern den Acker furcht, stößt er häufig klirrend gegen etwas Hartes und fördert einen eigenwillig geformten Feuerstein, verzierte Tonscherben, ein mit dem Rost der Jahre bedecktes Eisenstück oder gar einen bronzenen Armreif zutage. Nicht selten hat auf Usedom der Bau einer Straße, einer Bahnlinie oder eines Schulhauses zur Entdeckung und Freilegung wertvoller prähistorischer Fundstätten geführt.

Die zahlreichen Steinzeitfunde auf den Fluren um Benz, die Bronzefunde von Balm und Morgenitz, die in Labömitz gefundenen Bernsteinperlen und der Peenemünder Goldfund zeugen ebenso wie die über die ganze Insel verstreuten Gräberfelder verschiedener Epochen für die große historische und kulturgeschichtliche Vergangenheit des Landes. Die der „jüngeren Steinzeit" entstammenden Steinwerkzeuge und Waffen, die man bei Baggerungen zur Freihaltung der Fahrtrinnen im Greifswalder Bodden und in den Rügenschen Gewässern vielfach gefunden hat, beweisen, daß die mecklenburgische Küste bereits vor Beginn der Litorina-Senkung bewohnt gewesen ist.

Als die ersten sicheren Anzeichen von der Gegenwart des Menschen auf Usedom gelten die im früheren Heimatmuseum in Swinoujscie ausgestellten Trichterbecher, die bei Mellenthin gefunden wurden. Sie entstammen der Zeit um 3000 v. d. Ztw. Doch nichts spricht dagegen, daß der Mensch, der sich in den eisfrei gebliebenen Gegenden Süddeutschlands und Frankreichs aufgehalten hatte und nun dem zurückweichenden Gletschereis folgte, schon einige Jahrhunderte vorher nach dem Norden vordrang und auf der Insel Fuß faßte. In jenen grauen Tagen der Vorzeit bildete das in der Niederung des Schmollensees gelegene Dörfchen Benz, das von fischreichen Seen und wildreichen Wäldern, von saftigen Viehweiden und gutem Ackerland umgeben war, einen politischen und wirtschaftlichen Mittelpunkt.

Die Fischer und Jäger, die hier, unter den veränderten, milderen klimatischen Bedingungen die ersten Niederlassungen gründeten, beherrschten bereits eine vielseitige, erstaunlich erscheinende Produktionstechnik. Sie verstanden es, den Stein nicht nur zu formen, sondern auch seine Oberfläche zu bearbeiten, und ihn dadurch wirksamer zu machen. Wurfspieß, Pfeil und Bogen ermöglichten es, die Jagd auf Wildschwein, Luchs und Auerochs im größeren Umfange durchzuführen, als es den Menschen auf der Stufe der Wildheit möglich gewesen war. Beim Fischfang fanden neben Fischspeer, Harpune und Angelhaken die ersten aus Pflanzenbast geflochtenen Netze Verwendung. In ihrem „Einbaum", der einem schwimmenden Baumstamm glich, wagten sich die Fischer sogar aufs Meer hinaus.

Der sich auf der gleichen Stufe vollziehende Übergang vom Beerensammeln zum Anbau der ersten Getreidepflanzen, wobei zur Bodenbearbeitung der Steinpflugkeil, zur Mehlbereitung die häufig gefundenen Mahlsteine dienten, machte Jäger und Sammler zu Pflanzern und Zähmern. Mit gutem Recht erhielt einer der ersten germanischen Stämme, der Norddeutschland besiedelte, den bis in unsere Zeit in der Insel Rügen fortlebenden Namen „Rugier". Das bedeutet nichts anderes als „Roggenbauer" oder „Roggenesser". Zweifellos verstanden diese Menschen auch schon zu weben; denn häufiger noch als Steinwerkzeuge findet man auf Usedom die kleinen durchbohrten Steinkugeln, die als Spinnwirtel zum Straffen der Kettenfäden dienten. Seltener — wohl mehr Zierde als Arbeitsgerät — sind Spinnwirtel aus Bernstein. Einen solchen zeigte mir ein alter Lehrer in Liepe. Lebendiger als anderswo kann hier den Schülern die Frühgeschichte ihrer Heimat erklärt werden; denn hierfür mangelt es nicht an Anschauungsmaterial.

Wie sich aus Waffen und Werkzeugen Rückschlüsse auf die Lebensweise der frühesten Bewohner Usedoms ziehen lassen, so ermöglichen uns die der gleichen Zeit entstammenden Steingräber einen Einblick in ihre Sitten und Gebräuche. Die Steinzeitmenschen glaubten an gute und böse Geister und — wie die Grabbeigaben von Waffen, Werkzeugen, Schmuck und Nahrung beweisen — an ein Weiterleben nach dem Tode.

Dutzende solcher steinzeitlicher Grabstätten sind auf der Insel vernichtet worden und das einsichtsvollere Walten der Heutigen vermag sie nicht zu ersetzen. Nur durch Zufall trifft der Wanderer unserer Tage, der diesen Dingen liebevoll nachspürt, auf einige verstreute Steinblöcke. Bei dem Dörfchen Lütow, auf dem Gnitz, wurden 1907 zwei große Steinkistengräber gesprengt und ihre Steine zum Neubau des Netzelkower Pfarrhauses verwendet. Nur wenig ist von dem was war zurückgeblieben. Eines der größten und schönsten Steinzeitgräber mit neun Grabkammern beutete man bei Görke am Südrande des Thurbruchs aus.

Doch das Rad der Geschichte drehte sich weiter. Später als im südlichen Europa — es mag um das Jahr 1800 v. d. Ztw. gewesen sein — hielt die Bronzezeit auf den Oderinseln ihren Einzug. Die 1856 bei Morgenitz gefundenen Armringe und Brustplatten, die Bronzefibeln von Mellenthin und Balm offenbaren eine hohe Kunstfertigkeit und eine sorgfältige Beachtung des Gebrauchszweckes. Sie lassen durch die Eigenart ihres Stiles vermuten, daß auf Usedom ein eigenes Bronzegewerbe, in dem die ersten Ursprünge des Handwerks gesucht werden müssen, bestand. Die ersten Handwerker waren demnach Bronzegießer und Schmiede.

Spärlicher sind allerdings auf unserer Insel die Funde aus der für die ökonomische Entwicklung der menschlichen Gesellschaft so bedeutsamen Eisenzeit, die um 500 v. d. Ztw. der Bronzezeit folgte. Um so reichlicher fließen dafür die Quellen römischer Geschichtsschreiber. Ihre Berichte stützen sich vorwiegend auf die Mitteilungen römischer Händler und Reisender, die an unseren Küsten den kostbaren Bernstein einhandelten. —

Bernstein — ein kleines zauberhaftes Wort, das reiner, sichtbarer und ausdrucksvoller als viele andere leblose Dinge die Erinnerung an den hellen Strand der See, an die schönen, sonnigen Urlaubstage lebendig werden läßt. Ein Wort, das die Phantasie der Menschen beflügelt und ihre Tatkraft weckt. Schon der weise Homer besang den Bernstein in Gedichten und setzte ihn dem Golde gleich. Mit Bernstein schmückten die alten Ägypter und Mykenäer die stolzen Gräber ihrer Edlen. Das „Gold des Meeres" lockte die kühnen Phönizier auf ihren schwanken Schiffen durch die sturmtosenden Ozeane an unsere Küsten, und auf den Bernsteinstraßen wanderte er bis in den fernen Orient und nach Griechenland, nach Spanien und ins Land der Römer. Die prächtigen goldgelben und rotgoldenen Stücke waren das heil- und wunderkräftige „Elektron" der alten Sklavenhaltergesellschaft, das geheimnisvolle ‚Schechelet' der Juden, das duftende Ambra in den Räucherbecken der Katholiken. Im Schoße des Streckelberges ließ der Usedomer Heimatdichter Meinhold seine „Bernsteinhexe" gewaltige Bernsteinadern finden, und angelockt von der heimlichen Pracht zogen die Koserower vor hundert Jahren zur Nachtzeit aus, um beim Schein der Laternen ihr Glück zu suchen.

Noch immer wird das „Gold der Ostsee" allsommerlich von tausenden Strandwanderern mit mehr oder wohl meist weniger Glück gesucht. Einmal aber, es mag nun schon Jahrzehnte her sein, fand ein Sonntagskind in der Nähe von Karlshagen einen Klumpen von 1½ Pfund. Das größte Stück, das man bis jetzt gefunden hat, wog fast 7 Pfund, und sein Wert wurde — 1897 — auf 30 000 Mark geschätzt. So wertvolle Funde sind freilich selten, und trotzdem hat der Bernstein, der im Tertiär als Harz von den Nadelbäumen floß, den Küstenbewohnern jahrhundertelang Arbeit und Brot gegeben.

Ursprünglich stand die Bernsteingewinnung jedem frei. Im 13. Jahrhundert jedoch bedrohten die Ordensritter seine widerrechtliche Aneignung mit strengen Strafen. Schon im 15. Jahrhundert bildete sich die Norddeutsche Bernsteindreherzunft, und die planmäßige Grabung des Bernsteins aus der „blauen Erde" brachte den Aktionären der 1899 gegründeten „Preußischen Bernsteinwerke" einen jährlichen Reinertrag von mehr als 1 Million Mark. Das freilich mag jenen, die nach einem stürmischen Tag ein erbsengroßes Stück im angespülten Seetang finden, unvorstellbar erscheinen. —

Das Bernsteinland, die Südküste der Ostsee, war bereits 320 Jahre v. d. Ztw. dem berühmten Reisenden des Altertums Phyteas von Massilia (dem heutigen Marseille), der noch das sagenhafte Thule sah, bekannt. Er nannte dessen Bewohner — wie nach ihm auch die römischen Geschichtsschreiber Plinius und Tacitus — „Guttonen". Zweifellos sind damit die ostgermanischen Goten gemeint, deren Name in der schwedischen Ostseeinsel Gotland erhalten geblieben ist.

Auf der bedeutendsten Landkarte des Altertums, die Claudio Ptolemäus aus Alexandria zeichnete, dessen Weltsystem erst im späten Mittelalter durch das Kopernikanische abgelöst wurde, finden wir bereits die Oder als „viadrus" und die Ostsee als „sinus venedicus" eingetragen. Das lateinische ‚Sinus venedicus' bedeutet in unserer Muttersprache: der von den Wenden bewohnte Bodden.

Mit der ersten Nennung dieses Stammesnamens wird eine kraftvolle, breite Brücke aus dem Dunkel der Vergangenheit in unsere Zeit herüber geschlagen. Es beginnt damit eines jener Kapitel in der Geschichte der Insel Usedom, deren Spuren uns immer und überall gegenwärtig sind. Die Wegeschilder am Straßenrand, die bunte Landschaft und das stumme Bild der Karte sind beredt davon. Selbst aus dem Unscheinbaren spricht die innere Gemeinschaft von Land und Mensch.

Wohl nur die wenigsten der vielen Tausend Urlauber, die Zinnowitz als Reiseziel wählen, wissen, daß dieser Ortsname eine Ableitung des wendischen Wortes „Tzys" ist und „Kornfeld" oder nach anderen Behauptungen „Heudorf" bedeutet. Der Ortsname Koserow ist in seiner Wurzel auf das wendische „Kos", die Amsel, oder „Koze", die Ziege zurückzuführen und bezeichnet den „Ort der Amseln". Auch Bansin und das inmitten ausgedehnter Nadel- und Laubwaldungen gelegene Ückeritz sind aus alten wendischen Ansiedlungen hervorgegangen. Ihre charakteristische Rundform ist in dem Dörfchen Neeberg im Wolgaster Ort noch heute deutlich erkennbar. Auf älteren Karten wird der Wolgaster Ort als „Land Bukow" = „Land der Buchen" bezeichnet. Im Gegensatz hierzu nannte man im frühen Mittelalter den Südostteil der Insel die Provinz „Wanzlow". (Der Name „Usedom" wurde erst im 16. Jahrhundert gebräuchlich und taucht zuerst in der bis zum Jahre 1523 reichenden Chronik des Bischofs Boguhal von Posen auf.)

Den Wenden war ein ausgeprägter Natursinn eigen, mit dem sie ihren Ansiedlungen und Flurstücken treffende, der Landschaft angepaßte und deshalb noch heute gültige Namen gaben. So beschreibt der Name Pudagla den Ort als „am Berge", nämlich am Fuße des Glaubensberges belegen. Welzin, im Usedomer Winkel, wird auf „Erlenort", das von den Sturmfluten des 19. Jahrhunderts zerstörte Damerow auf „Eichwald", der Glienberg bei Zinnowitz auf „Lehmberg" und die Peene, die Usedom von der mecklenburgischen Küste trennt, auf „Schaum" oder „Gischt" zurückgeführt. Liepe, wo sich die wendischen Sitten und Gebräuche bis an die Schwelle unseres Jahrhunderts erhalten haben, hat seinen Namen von der Linde, einem Lieblingsbaum der ‚Alten', den sie „lipa" nannten. Die Linde muß in jenen fernen Zeiten besonders häufig auf Usedom anzutreffen gewesen sein; galt doch das Wendenland durch seine Bienenzucht bis ins späte Mittelalter hinein als Hauptlieferant von Wachs für die katholische Kirche.

Die Behauptung, daß es nicht nur in Sachsen, sondern auch an der Peene ein „Großenhain" gibt, ist kein Scherz, sondern, zumal er eine solch ehrwürdige alte Herzogs-, Hanse- und kraftvoll junge Kreisstadt wie Wolgast angeht, eine ernsthafte Feststellung. Die Erklärung ist recht einfach: das wendische „Woly" (groß) und das wendische „gast" (Hain), haben der Stadt ihren Namen gegeben.

Seitenlang könnte man so erzählen, was es auf Usedom an bemerkenswerten Orten und anderen Zeugnissen aus der Wendenzeit zu sehen gibt. Und wundersam ist es für den, der mit den Schätzen der Vergangenheit durch seine Heimat zu wandern weiß, der Dorf und Flur nicht allein nach den Maßen von Regen, Wind und Sonne, sondern auch mit der Elle der Geschichte mißt.

Die kampfumtobten alten wendischen Burgwälle — irrtümlich oft Schwedenschanzen genannt — am Golm, bei Mellenthin, Stolpe, Neppermin und Usedom sprechen eine deutlichere Sprache als mancher dickleibige Foliant. Der bereits im 12. Jahrhundert erwähnte Burgwall und spätere Schloßberg bei Usedom könnte mancherlei berichten: von lärmenden Markttagen und düsteren Gerichtsszenen, von fröhlichen Zechgelagen und heidnischen Gottesdiensten, von listigen Steuereinnehmern und trotzigen Bauern, von tapferen Kriegern und blutigen Kämpfen; denn zu allen Zeiten bildeten diese Wälle Mittelpunkte wendischen Lebens. Und wie in der Sage jede Burg ihren unterirdischen Gang erhält, den sie in Wirklichkeit so selten besaß, weiß der Volksmund auch von zwei unterirdischen Gängen zu berichten, die aus dem Burgwall zum Usedomer See und in den Stadtwald geführt haben sollen.

Um die gleiche Zeit, als slawische Stämme aus dem südlichen Asien kamen und große Teile des Oströmischen Reiches zwischen der Donau und dem Ägäischem Meer besetzten, folgten sie im Norden den nach Süden abziehenden Germanen. Innerhalb kurzer Zeit breiteten sie sich bis zur Elbe und darüber hinaus in die westfälische Gegend aus. Das Gebiet des heutigen Mecklenburgs besiedelten zuerst die aus mehreren Stämmen bestehenden Wilzen, auch Lutizier genannt, was „die Tapferen" bedeutet. Die slawischen Wenden, die von Usedom Besitz ergriffen, trugen diesen stolzen Namen mit Recht und haben ihn in den oft dramatischen Kämpfen, die sie gegen zahlreiche Feinde zu bestehen hatten, ruhmreich bewährt.

Ihre Taten, die in Sage und Dichtung weiterleben, haben das, was der Hamburger Domherr Adam von Bremen in seiner im 11. Jahrhundert erschienenen „Hamburgischen Kirchengeschichte" über das Wendenvolk schrieb, längst in das Reich der von religiösem Fanatismus entstellten Legende verwiesen. In besagtem Werk schildert Adam von Bremen das Aussehen der Wenden und ihre Kampfesweise wie folgt: „Die Menschen sind dunkelgrün von Farbe, das Gesicht ist rot und das Haar lang. Auch gibt es noch mehrere andere Inseln in diesem Meere, alle voll von wilden Barbaren, und daher werden sie von den Seefahrern gemieden. Dort sind auch die Amazonen im Lande der Weiber, deren Söhne Hundsköpfe und den Kopf an der Brust haben. — Die Alanen oder Wizzen werden mit grauen Haaren geboren. Ihr Land wird von Hunden verteidigt. Wenn einmal gekämpft werden muß, so bilden sie aus Hunden die Schlachtordnung. — Dort gibt es bleiche, grünfarbige und langlebige Menschen; auch solche, die Menschenfleisch essen."

Die zitierte Stelle ist ein Musterbeispiel des im frühen Mittelalter von der Kirche verbreiteten Irr- und Wunderglaubens, der die Gestalt der Erde noch als Scheibe und deren Rand mit den absonderlichsten Fabelwesen bevölkert sah. Man hielt Usedom für am Ende der Welt gelegen, dort, wo sich die Füchse ‚Gute Nacht' sagten. Die Hamburger Chronik mag eine der Quellen sein, auf die sich die faschistischen Pseudohistoriker bei der Abfassung ihres zum Völker- und Rassenhaß aufrufenden Geschichtsbildes stützten.

Abgesehen von ihrer dunkleren Haut- und Haarfarbe unterschieden sich die Wenden kaum von den Germanen, welchen sie in der Lauterkeit ihres Nationalcharakters eher noch überlegen waren. In Gegensatz zu den weitverstreuten germanischen Siedlungen bevorzugten die Wenden engumschlossene Wohnplätze und Dorfanlagen. Eine solche Bauweise bildet ebenso wie die Burgwälle den Beweis für eine organisierte Gemeinschaftsarbeit, in der sich die ersten Anfänge eines geordneten Staatswesens zeigen.

Außer ihrer glühenden Freiheitsliebe wird den Wenden besonders ihre große Gastfreundschaft und ihre Teilnahme und Hilfsbereitschaft gegen die Armen nachgerühmt. Im alten Wendenland gab es weder Leibeigene noch Bettler. Selbst die niedere Bevölkerung bestand aus Freien, denen der Grund und Boden, den sie mit dem hölzernen Hakenpflug bearbeiteten und mit Roggen, Hafer, Gerste, Flachs und Hanf bebauten, gemeinsam gehörte. Ein römischer Geschichtsschreiber berichtet, daß bei ihnen „über alle glücklichen und unglücklichen Umstände gemeinschaftlich beschlossen" wurde.

Die Wenden waren aber nicht nur gute Ackerbauern, sondern auch wagemutige Jäger und erfahrene Fischer, die sich auf ihren Fangreisen in die Ostsee hinauswagten und das Einsalzen der Heringe verstanden. Außer Wachs und Bernstein handelten sie im großen Umfange Honig und Felle über Prag und Krakau nach Bulgarien und über Nowgorod und Kiew mit Rußland und Arabien. Als Zahlmittel dienten dünne, oft zerschnittene Silbermünzen und zerhackter Silberschmuck, sogenanntes Hacksilber. Allein die beiden Silberfunde von Usedom und Quilitz bestehen aus mehreren tausend Münzen aus der Zeit von 950 bis 1090 n. d. Ztw. und weisen alle bekannten Prägorte von Frankreich bis Rußland und Arabien, von Norwegen bis Italien auf. Nach 1945 fand man kleinere Hacksilberreste bei dem am Rande des Thurbruchs gelegenen Dorf Reetzow und südlich der Stadt Usedom. So sind Handel und Wandel schon zur Wendenzeit bei uns nachweisbar.

Die Ostseewenden verehrten Bialibog, den weißen und guten Gott, und Czarnibog, den schwarzen und bösen Gott. (In der sorbischen Lausitz tragen noch heute zwei Berge in der Nähe von Bautzen diese Namen.) Ihre oberste Gottheit aber war Swantewitt, das heilige Licht, dem sie nach der Zerstörung des Suarasici-Tempels in Rethra auf Rügen dort, wo seit über 50 Jahren das Leuchtfeuer vom Kap Arkona steht, einen gewaltigen Tempel errichteten. In dessen Mittelpunkt thronte ein vierköpfiges Götzenbild von übermenschlicher Größe. Zu seinen Füßen wurden die Geldopfer und Geschenke, der Zehnte vom Vieh und von der Kriegsbeute niedergelegt, und zu seiner Ehre, wie die Sage erzählt, alljährlich ein Christ geopfert. Käthe Miethe berichtet in ihrem Heimatbuch „Das Fischland", daß sich ein auf die gleiche Weise ausgestatteter Tempel auf dem Kirchhügel bei Wustrow befand. Bei Wolgast hatten Borowitt, der Lichtgott des Waldes und auf dem Streckelberge Triglaff, der Gott über Himmel, Erde und Unterwelt, ihren Tempel. Viele andere Gegenden der Insel besaßen eigene Nebengötter. So befand sich bei Zinnowitz ein dem Borowitt geweihter heiliger Waldbezirk, der noch heute den Namen „Hexenheide" führt.

In späteren Zeiten ging die Rechtsprechung vom Volke auf die Heerführer über, aus deren Sippen sich der wendische Adel bildete.

Um den aufblühenden wendischen Handel und Verkehr in seine eigenen Hände zu bringen, gründete der Dänenkönig Harald Blauzahn in der zweiten Hälfte des 10. Jahrhunderts in der Nähe der wendischen Stadt Jumne (auf Wollin) die Jomsburg. Andere Chronisten verlegen die Jomsburg in die Nähe der Swinemündung und an die Küste bei Koserow, weshalb in Verbindung mit der Vinetasage ausführlich darauf eingegangen werden muß.

Ganz gleich, wo die Jomsburg gelegen haben mag, steht es außer Zweifel, daß Harald von dieser Zwingburg aus das ganze Land wirkungsvoll unter Druck halten konnte. Nicht nur die Ostseeküste, sondern auch die Peene, das Achterwasser und das Haff waren in jenen Zeiten oft Schauplätze heftiger Kämpfe zwischen Wenden, Dänen, Polen und Wikingern, an denen sich auch Schweden, Norweger und sogar Isländer beteiligten. Mehr als einmal rauschten die Nordmänner auf ihren Kriegszügen unter den geschwellten Segeln ihrer stolzen, seetüchtigen „Meeresbräute", mit denen Erik der Rote nach Grönland und sein Sohn Leif — fünf Jahrhunderte vor Kolumbus — bis Labrador an der Nordküste

Amerikas vorstießen, an unseren Küsten vorbei. Brand und Mord zeichneten den Weg, den die nordischen Eindringlinge über die Insel nahmen. Der Dänengrund, eine tiefe Schlucht in den Gelbdünen zwischen Zinnowitz und Zempin, erinnert an jene dramatischbewegte Zeit, von der die nordischen Heldensagen und die Lieder der Skalden künden.

Um 1098 wurde die Jomsburg von dem Dänenkönig Erich Eygod zerstört, dem Erdboden gleichgemacht und die letzten Jomsvikinger auf grausamste Weise hingerichtet.

So redet aus jedem Winkel dieses Landes seine starke Vergangenheit, und die Taten der Jomsvikinger sind in der Erinnerung des Volkes lebendig geblieben. Um die untergegangene Feste aber bildete sich ein reicher Sagenkranz, der in der weithin bekannten Vinetasage seine schönste, buntfarbigste und zugleich umstrittenste Blüte trieb.

Das Rätfel um Vineta

An der nordöstlichen Küste Usedoms, im alten Lande der Wenden, lag einst von drei Meeren umspült die sagenhafte Stadt Vineta. Von ihr erzählt man sich die wundervollsten und fast unglaublichsten Dinge.

Diese Stadt, in die zwölf große prächtige Tore Zugang gewährten und die einen herrlichen Hafen ihr eigen nannte, ist größer und älter gewesen als irgendeine andere Stadt in Europa, größer noch als die schöne Stadt Konstantinopel, älter als das prächtige Rom.

In ihren Mauern wohnten Griechen, Slawen und Russen, Dänen, Juden, Sachsen und vielerlei andere Völker, die alle ihre eigenen Stadtviertel besaßen. Jedes Volk hatte seine besondere Religion; nur die Sachsen waren Christen, durften dies aber nicht bekennen; denn nur die heidnischen Götzen genossen öffentliche Verehrung. Ungeachtet solcher Abgötterei waren die Bewohner Vinetas ehrbar und züchtig von Sitten; Kunst und Wissenschaft standen bei ihnen in hoher Blüte, und in Gastfreundschaft und Höflichkeit gegen Fremde hatten sie nicht ihresgleichen. Keine andere Stadt der Welt konnte sich mit Vineta in seiner Glanzzeit messen.

Da alle Einwohner das gleiche Recht besaßen, Handel zu treiben, kam es oft vor, daß zuweilen mehr als dreihundert Schiffe aus allen Gegenden der Welt, selbst aus den entferntesten und entlegensten Teilen, wie aus Indien und Asien, im Hafen vor Anker lagen. Die Vinetier selbst verschickten ihre Waren bis Persien und China, und ihre Läden und Speicher waren bis obenhin mit den seltensten und kostbarsten Waren angefüllt. Weder das edle Pelzwerk des Nordens noch die teuren Spezereien des Orients waren ihnen fremd.

Deshalb herrschte in der Stadt ein unbeschreiblicher Reichtum; es fehlte an nichts, was nur seltsam, lustig und notwendig gewesen ist. Selbst der Vulkantopf, ein großes, weithin sichtbares Leuchtfeuer, das den Schiffen durch die Dunkelheit der Nacht den Weg wies, soll dort zu finden gewesen sein. Der Reichtum der Stadt war so groß, daß ihre Tore aus Erz, ihre Glocken aus Silber und die Tischgeräte der Bürger aus Gold gemacht waren. Das Silber war überhaupt so gemein in der Stadt, daß man es zu den gewöhnlichsten Dingen gebrauchte und die Kinder damit auf den Straßen spielten. Solcher unvorstellbare Reichtum, der manchem Kaufmann zum Hochmut verführte, und das abgöttische Wesen der Heiden brachten aber am Ende die schöne Stadt ins Verderben.

Auf dem Gipfel ihres höchsten Reichtums und Glanzes gerieten ihre Einwohner in Streit und Uneinigkeit. Jedes der verschiedenen Völker, die innerhalb der großen Stadtmauer mit ihren zwölf Toren wohnte, wollte den Vorzug vor den anderen haben. Darüber entbrannten heftige Kämpfe. Die einen riefen die Schweden und die anderen die Dänen zu Hilfe, die auf solchen Anruf, um gute Beute zu machen, schleunigst mit einer großen Flotte angesegelt kamen. Sie zerstörten die mächtige Stadt Vineta bis auf den Grund und bemächtigten sich ihrer Reichtümer. Das soll geschehen sein zu Zeiten des Frankenkaisers Karl, der die heidnischen Wenden in der Mark unterwarf.

Dagegen sagen manche, die Stadt sei nicht von Feinden erobert und zerstört, sondern auf andere Weise untergegangen. Das soll sich so zugetragen haben: Nachdem die Bürger so überaus reich geworden waren, verfielen sie in die Laster der größten Wollust und Üppigkeit. Dafür traf sie gerechte Strafe. Urplötzlich wurde die üppige Stadt von dem Ungestüm des Meeres zugrunde gerichtet und von den Wellen, die Swantewitt schickte, verschlungen.

Als die Schweden davon Kunde erhielten, kamen sie mit vielen Schiffen von Gotland her und holten sich, was sie von den versunkenen Reichtümern Vinetas aus dem Meere herausfischen konnten. Sie bargen viele Geräte aus Gold, Silber, Erz und anderen edlen Metallen und große Stücke herrlichsten Marmors. Es gelang ihnen auch, die ehernen Stadttore zu heben, die sie mit nach Wisby auf Gotland nahmen, wohin sich von nun an der Handel Vinetas zog.

Die Stelle, wo die Stadt gestanden, kann man noch heutigentages sehen. Wenn man von Wolgast über die Peene in das Land zu Usedom kommt und an die Försterei Damerow, zwei Meilen von Wolgast, gelangt, so erblickt man bei stiller See bis tief, wohl eine Viertelmeile in das Meer hinein eine Menge großer Steine, schlanke Säulen von weißem Marmor und Alabaster und breite Fundamente. Das sind die Trümmer der versunkenen Stadt Vineta. Sie liegen von Morgen nach Abend, an Länge dem Strande gleichkommend. Die ehemaligen Straßen und Gassen sind mit kleinen Kieselsteinen ausgelegt; größere Steine zeigen an, wo die Ecken der Straßen gewesen sind und die Fundamente der Häuser gestanden haben. Einige ragen ellenhoch aus dem Wasser heraus; da befanden sich einst die Tempel, Rathäuser und Speicher.

Wie weit sich die Stadt der Breite nach in das Meer hinein erstreckte, kann man nicht mehr sehen. Sie war aber größer als die von Stralsund und Rostock und ungefähr so wie die von Lübeck. —

In der versunkenen Stadt ist noch immer ein wundersames Leben. Bei heiterem Himmel und ruhigem Meer erblickt man oft unten auf dem Grunde des Wassers ganz wunderbare Bilder; große, seltsame Gestalten wandeln in langen, faltigen Kleidern in den Straßen auf und ab. Oft sitzen sie in goldenen Wagen oder auf großen schwarzen Pferden. Manchmal gehen sie fröhlich und geschäftig einher. Ein andermal bewegen sie sich in langsamen Trauerzügen, und man sieht dann, wie sie einen Sarg zum Grabe geleiten.

Abends, wenn kein Sturm auf der See ist, hört man die silbernen Glocken der Stadt die Vesper läuten. Alle hundert Jahre am Ostermorgen — denn vom stillen Freitag bis zum Ostermorgen soll der Untergang Vinetas gedauert haben — taucht die ganze Stadt in ihrer alten Pracht und Herrlichkeit aus den Fluten auf. Mit allen ihren Häusern, Tempeln, Toren, Brücken, Speichern und Trümmern steht sie dann, wie ein warnendes Zeichen zur Strafe für ihre Lasterhaftigkeit und Üppigkeit über den Wellen und wartet darauf, von einem Sonntagskind, das an diesem Tage Geburtstag hat, erlöst zu werden. Das aber kann nur geschehen, wenn die Einwohner der Stadt durch die Tat beweisen, daß sie sich gebessert haben. Sonst muß Vineta wieder auf hundert Jahre ins tiefe, tiefe Meer zurücksinken.

Wenn es aber Nacht oder stürmisches Wetter ist, dann darf kein Mensch und kein Schiff sich den Trümmern von Vineta nähern. Unbarmherzig wird das Schiff gegen die Felsen geschleudert, an denen es rettungslos zerschellt, und keiner, der darin gewesen, kann aus den Wellen sein Leben retten. So sind schon manches gute Schiff und mancher mutige Seemann zugrunde gegangen. — Das ist die wundersame Mär vom Untergang der stolzen See- und Handelsstadt Vineta, ausgeschmückt mit allen Varianten, die man hierzu in den verschiedenen Gegenden der Insel erzählt. Unbehelligt von dem Streit der Gelehrten, ob es eine gleichnamige Stadt an unserer Küste tatsächlich gegeben und an welcher Stelle man dann nach ihren Trümmern suchen müsse, lebt noch heute auf der Insel so mancher Fischer, der diese Sage für durchaus glaubwürdig hält und mit einer gewissen Zähigkeit das zu verteidigen und zu bekräftigen sucht, was ihn als Kind erfüllte.

Einer von ihnen, ein 72jähriger Fischer aus Ahlbeck, den die Stürme der See und des Lebens schweigsam und dickrindig machten, erklärte es mir auf seine Weise. Auf der Suche nach gerissenen Angeln oder verlorenen Netzen stößt der Sucher in der Nähe des Vinetariffes, das etwa einen Kilometer vom Streckelberg entfernt in der See liegt und an der stärkeren Brandung deutlich erkennbar ist, auf mächtige, bis zu drei Metern hohe Granitblöcke. Dicht dabei findet der Sucher jedoch keinen Grund. Deshalb halten die Fischer die Steinblöcke, wie auch der im 16. Jahrhundert am herzoglichen Hofe in Wolgast lebende Chronist Thomas Kantzow, für die versunkenen Straßenzüge der sagenumwobenen Stadt.

Wollte man all jene Dinge aufzählen, die auf die alte Wendenstadt, die als zweites Sodom endete, hindeuten, müßte man mit Ferdinand Freiligrath ausrufen: „Vineta allerorten, Vineta weit und breit!" (Davon abgesehen, daß diesem Gedicht eine andere Bedeutung und Aufgabe zukommt.) Solche Erinnerungen haben sich besonders in der Umgebung von Koserow lebendig erhalten. Da wird noch heute in der kleinen altertümlich-spätgotischen Kirche

das Kreuz von Vineta gezeigt, das die Brandung ans Land spülte, und da gab es bis vor hundert Jahren eine „Landstraße nach Vineta", so wie es noch immer in jedem Badeort der Insel, ja selbst im geschäftigen Berlin, eine „Vinetastraße" und ein „Haus Vineta" gibt. Auch Musik, Malerei und Dichtung haben sich der künstlerischen Gestaltung dieser Fabel angenommen.

Wir aber, die wir versuchen wollen, das Rätsel dieser Stadt zu lösen, müssen andere Wege gehen, um ans Ziel zu gelangen. Bereits die nähere Betrachtung und kritische Untersuchung der Vinetasage läßt erkennen, daß es sich keineswegs um eine echte, im Volke entstandene Sage, sondern um die Nacherzählung mehrerer Gelehrtenfabeln aus neun Jahrhunderten handelt. Jede charakteristische Textstelle und bestimmte Aussage findet sich in den gelehrten, oft noch lateinisch geschriebenen Büchern ihrer Urheber wieder.

Die lange Reihe der Chronisten eröffnet der arabische Arzt Ibrahim ibn Jakub, der um 965 als Mitglied einer sarazenischen Gesandtschaft an das Hoflager nach Merseburg kam und von hier aus Norddeutschland bereiste. Dem Araber folgten hundert Jahre später der uns bereits bekannte Adam von Bremen und im 12. Jahrhundert der erste slawische Chronist Helmold. Ihre Berichte bilden den eigentlichen Kern der Sage.

Unter den späteren Chronisten finden wir die berühmten dänischen Geschichtsschreiber Sven Aggeson und Saxo Grammatikus, einen Mönch Angelus und den mecklenburgischen Ritter Ernst von

Kirchberg, den Reformator Johannes Bugenhagen, den Freund und Mitstreiter Luthers, und David Chyträus, den Freund und Schüler Melanchthons. Ihnen schließen sich im 18. und 19. Jahrhundert Wilhelm Meinhold, der Verfasser des bekannten und bereits erwähnten Romans „Die Bernsteinhexe" und ein Dutzend anderer Chronisten an. So entstand im Laufe der Jahrhunderte eine umfangreiche Vineta-Literatur, der auch die nordischen Skaldenlieder und isländischen Heldensagen des 11. und 12. Jahrhunderts von der ‚Jomsvikingsaga' bis zur ‚Styrbjörnsaga' zugerechnet werden müssen.

Im Hinblick auf diese Überfülle an Material und die Verschiedenartigkeit der darin zum Ausdruck gebrachten Meinungen vergleicht ein Vinetaforscher des 19. Jahrhunderts recht treffend dieses Problem „mit einem dreihundertjährigen Prozeß, dessen Geschichte allein schon der Aufzeichnung wert sei!".

Der seinen Lebensabend in Ückeritz verbringende Heimatforscher Robert Burkhardt, der 1909 eine der umfangreichsten und lückenlosesten Chroniken der Insel Usedom herausgegeben hat, nahm die Anregung seines Vorgängers auf und veröffentlichte 1934 eine kurzgefaßte Geschichte der Vinetaforschung. Damit ist das Rätsel um Vineta freilich noch immer nicht endgültig und überzeugend gelöst, einer solchen Lösung jedoch schon bedeutend näher gebracht.

In den Berichten der alten Chronisten, die uns in den Archiven und Bibliotheken von Greifswald, Stralsund, Rostock und Schwerin erhalten sind, wimmelt es von Widersprüchen und Meinungsverschiedenheiten. Während die einen als Zeitpunkt der Zerstörung Vinetas das Jahr 796 annehmen, lassen andere dieses Ereignis erst vier Jahrhunderte später stattfinden. Innerhalb dieser vier Jahrhunderte suchen die einen die alte Wunderstadt bei Arkona, andere am Ruden oder vor dem Peenemünder Haken, die vierten verlegen sie an die Küste von Heringsdorf-Ahlbeck, wieder andere in das Gebiet der Swinemündung bei Swinoujscie oder nach Wollin auf der gleichnamigen Schwesterinsel von Usedom. In unserer Zeit hat man auch bei Alt Gaarz Anlagen entdeckt, die auf eine größere Stadt jener Zeit hinweisen.

Koserow und Wollin, die einzigen Orte, für die sich gegenständlichere Beweise erbringen lassen, werden am meisten genannt. Damit ist die Streitfrage keineswegs eingeengt oder vereinfacht, da es noch ein zweites Problem zu klären gibt: Waren die Handelsstadt Vineta und die trotzige Jomsburg zwei verschiedene oder ein und derselbe Ort, von dem die Chronisten zu berichten wissen?

In den besten uns erhaltenen Handschriften — so auch in der des Adam von Bremen — wird die rätselhafte Stadt JUMNE oder latinisiert JUMNETA genannt. Bei der verschnörkelten Schreibweise der Alten kann daraus durch einen falschen oder ungenauen Strich sehr leicht VIMNETA und das uns geläufige VINETA entstanden sein. Auf ähnliche Weise haben sich ja auch andere Städtenamen gewandelt, ohne daß man heute die genauen Ursachen dafür kennt. So wurde aus dem slawischen Sczecino das mittelalterliche Burstaborg, später das deutsche Stettin, bis es schließlich 1945 seinen alten polnischen Namen Sczeczino zurückerhielt.

Unter dem Namen Vineta, dessen Schreibweise sich um 1330 wohl zuerst der Augustinermönch Angelus bediente, finden wir die Stadt auch in Sebastian Münsters berühmter Kosmographie (1554) und auf der Karte des Schweizer Kupferstechers Merian verzeichnet. Die enge sprachliche Verwandtschaft zwischen diesem JUMNE und dem JOMS der Wikinger und ihrer Burg ist ohne weiteres ersichtlich.

Abgesehen von den spitzfindigen Argumenten wissenschaftlicher Beweisführung, erscheint es fast ausgeschlossen, daß in jenen fernen Zeiten zwei so große Plätze zur gleichen Zeit unmittelbar nebeneinander bestanden haben und unter den gleichen Umständen zerstört worden sind. Der Ritter Ernst von Kirchberg hat sich des Rätsels Lösung in seiner 1380 verfaßten Reimchronik leichtgemacht. Bei ihm erklärt sich alles auf die einfache, leider nicht glaubwürdige Weise:

> „Als Vineta ward zerstört,
> ich hab's gelesen und gehört,
> daß sie wieder bauet ist
> von dem Kaiser Julius.
> Er nannte sie Julin,
> Nun nennt man sie Wollin."

So ist durch den leichtfertigen, reimlustigen Ritter schließlich der große Julius Cäsar mit der Vinetasage in Verbindung gebracht. Erst seit etwa acht Jahrzehnten ist die Vinetafrage auf einen Punkt konzentriert: auf Wollin. Bereits 1871 wurden in der Umgebung der Stadt umfangreiche Spatenforschungen angestellt, an denen sich neben dem bekannten Mediziner Rudolf Virchow auch polnische Gelehrte beteiligten. Dabei entdeckte man Reste alter Pfahlbauten, Gefäßscherben, Tierknochen und Gräberfelder. In Verbindung mit umfangreichen Taucherforschungen bei Arkona wurden diese Ausgrabungen 1934 erneut aufgenommen.

Bereits die ersten Ergebnisse waren so ermutigend, daß erklärt werden konnte: „An Größe des Gemeinwesens und an Bedeutung der schon gewonnenen Grabungsaufschlüsse ist das Wolliner Grabungsfeld schwerlich irgendwo übertroffen. Und gewiß wäre es absonderlich, wenn ein zweiter Ort im Odermündungsgebiet so hohen Ranges gewesen wäre, daß die Jomsburg-Jumne-Vineta-Überlieferung ihn verherrlicht, die für uns in ihren Resten heute noch wirklich greifbare wendisch-wikingerzeitliche Großstadt an der Dievenow aber totgeschwiegen hätte ..."

Damit scheint das große Rätsel um die alte Wendenstadt gelöst und der dreihundertjährige Prozeß zu einem glücklichen Ende geführt. Doch da melden sich schon wieder die Stimmen der Zweifler und fragen: „Wie aber erklärt sich nach solchen Schlußfolgerungen das Vorhandensein der langen Steinriffe an der Küste vor Koserow?"

Bereits vor fünf Jahrzehnten beantwortete der in Greifswald wirkende Professor für Geologie Deecke diese Frage. Die Steinreihen bei Koserow, die seit 1730 planmäßig abgebrochen und zum Bau der beiden mehr als tausend Meter langen Hafenmolen von Swinoujscie verwendet worden sind, bilden die Deck- und Umfassungssteine großer Hünengräber, die in grauer Vorzeit auf einer jetzt im Meere versunkenen Halbinsel angelegt waren. Das Land versank ziemlich gleichmäßig, so daß die größeren Steine sichtbar, die kleinen noch erreichbar blieben.

Das Vineta-Riff bildet ein gefährliches Hindernis für die Seefahrt, an dem schon manches Schiff zerschellte und trug so, wenn auch ungewollt, zur Bekräftigung der Sage bei. 1775 strandete hier der Kolberger Patriot Joachim Nettelbeck, der in seiner Lebensgeschichte ausführlich über diesen Unglücksfall berichtet. Die Schiffsunfälle erklären zugleich die zahlreichen Funde, die bei Koserow immer wieder an den Strand gespült werden.

Der Vollständigkeit halber darf nicht unerwähnt bleiben, was in alten Berichten wiederholt erwähnt wird. Danach soll dereinst, zwei bis drei Segelstunden nördlich von Usedom auf einer flachen Stelle im Meer, die Stadt Bornholm oder Niniveh gestanden haben. Noch vor einigen Jahrzehnten fanden angeblich Fischer an dieser Stelle Äxte, Töpfe und andere Gerätschaften. Auch diese Berichte müssen den zahlreichen Varianten der Vinetafabel zugerechnet werden. —

Durch den „Verlust" von Vineta ist die an Naturschönheiten und historischen Denkmälern so überaus reiche Insel Usedom nicht ärmer geworden. In dem Seebad Heringsdorf, das schon seit Jahrzehnten das wiedererstandene Vineta genannt wird, hat Usedom reichen Ersatz gefunden. Wer in den Sommermonaten über die schönen Promenaden dieses beliebten Badeortes spaziert, dem klingen — wie einst in den Straßen Vinetas — ein Dutzend verschiedener Sprachen ins Ohr: erholungssuchende Werktätige aus Bulgarien, Frankreich, Ungarn, Rumänien, Polen, der Tschechoslowakei, Finnland und anderen Ländern unterhalten sich mit ihren deutschen Freunden; vielleicht lassen sie sich gerade während unseres Vorübergehens die Sage von Vineta erzählen.

Der märchenhafte Zauber dieser Wunderstadt wird noch lange Zeit mit der grünschäumenden See zu Füßen des Streckelberges verbunden bleiben, und der Blick des Wanderers wird ihre Ruinen an jener Stelle suchen, woran die Sage sich bildete. Keiner, der seine Heimat liebt, braucht sich dessen zu schämen. Selbst der

greise Robert Burkhardt, der sich am entschiedensten dafür erklärte, daß Vineta bei Wollin belegen sein muß, verlegt die Handlung eines kleinen, kürzlich veröffentlichten Vinetamärchens wiederum zu Füßen des Streckelberges. Damit hat sich der Kreis, der ein magischer scheint, zum zweiten Male geschlossen.

Die Sage und das Wissen um diese Dinge, die wir mit unseren polnischen Nachbarn gemeinsam haben, machen die Grenzen weit. Ist es nicht, als würden die Wellen, die hier ans Ufer schlagen, fröhlicher raunen, nachdem sie von dem Geheimnis, das ihnen zu hüten auferlegt war, befreit sind?

Der weiße Greif auf rotem Feld

Eigentlich müßte dieser Abschnitt anders, ganz anders beginnen. Sachlich und knapp, mit Jahreszahlen und Namen, mit der Gegenüberstellung von Ereignissen und Taten, wie wir es aus Geschichtsbüchern gewohnt sind.

Doch auf dem Wege in die Stadt Usedom begegneten mir keine trockenen Zahlen und verstaubten Namen; alles war lebendig, bunt, farbig und beredt, wie ein Stück blutvolle, in unsere Tage verirrte Vergangenheit.

Mit den ersten Sonnenstrahlen spazierte ich durch das verwitterte Anklamer Tor in die erwachende Stadt. Hinter mir holperte ein Bauernwagen, auf dem die Milchkannen schepperten, über das bucklige Kopfsteinpflaster der fünfhundertjährigen Peenestraße. Ebensogut hätte es eine Postkutsche oder ein wendischer Karren sein können; denn was bedeuten 100 Jahre in der Geschichte dieser Stadt?

Randnah stehen die alten, ebenerdigen Bürgerhäuser mit sauberem Gesicht und neugierig blickenden Fensterscheiben. An jedes Haus, das in den vergangenen Jahrhunderten mehr als eindutzendmal niederbrannte und wieder aufgebaut wurde, bindet sich ein Kranz von Erzählungen, oder es steht hinter der Strenge seines Namens der Umriß einer vergangenen Gestalt mit merkhaft sonderlichem Lebensweg. Ganz gleich, ob es der wortkarge Ratsherr Johannes Bone oder der ehrwürdige Pfarrherr Peter Gotke, der mutige Apotheker Gildemeister, ein tatkräftiger Altermann der Handwerker oder ein Stadtmusicus war, der das Haus für sich und die nach ihm Kommenden zuerst erbaute.

Eine Katze, die sich bei ihrem Morgenspaziergang auf ein spitzgiebliges Dach verirrt hat, miauzt kläglich vor dem rettenden Absprung. Die Frauen, die mit klappernden Eimern nach der Pumpe drüben am Straßeneck eilen, um Wasser für den Morgenkaffee zu holen, finden tatsächlich Zeit, stehenzubleiben. Wegen einer kleinen Katze stehenzubleiben. Auch dem Ausrufer, der durch derben Glockenschlag und mit weithin tönender Stimme „Im Namen des Rates der Stadt Usedom" die neuesten Bekanntmachungen verkündet, leihen sie ein williges Ohr. Nur der Friseur, der mich so früh schon rasieren soll, nennt den Ausrufer ein wenig ärgerlich den „Wichtigtuer". Und während er mich einseift, schimpft er auf die kurzsichtigen Stadtväter von Anno dazumal, die Schuld daran tragen, daß er den Lehrling jeden Morgen nach „weichem Wasser" vor die Stadt schicken muß.

Immer und überall scheint die Arbeit der Menschen dieser kleinen Welt ein unbewußtes Fröhlichtun. Selbst der Hammerschlag, das Kreischen der Sägen und das Motorengeräusch vereinzelter Kraftwagen, die auf ihren geschäftigen Wegen die Stadt durcheilen und den Atem der fernen Großstädte mit sich bringen, gehören hier zur festlichen Musik des Tages. Wie behutsam der Gärtner drüben am Rathaus die Hecken beschneidet! Das Rathaus ... es erinnert mich an die Sage, wie die Stadt und damit eigentlich auch die Insel zu ihrem Namen gekommen sein sollen:

In ganz alten Zeiten beschlossen die Bewohner der im Südwesten der Insel gelegenen Dörfer eine Stadt zu bauen. Da es ihnen aber an Wagen fehlte, um den zum Bau der Häuser erforderlichen Sand heranzufahren, trugen sie ihn in ihren Rockschößen herbei. Dann beratschlagten sie, welchen Namen sie ihrer künftigen Stadt geben sollten; aber es wollte und wollte ihnen nichts Rechtes einfallen. Bis ein schelmischer Wanderbursche, der sie beim Sand-

tragen beobachtet hatte, im Vorbeigehen ausrief: ‚O so dumm!'
Als das die neuen Ansiedler hörten, meinten sie, das wäre ein pas-
sender Name und nannten ihre Stadt ‚Usedom'.

Die Usedomer hören das nicht gern, und es ist verständlich.
Schließlich stimmt es auch nicht, was die Sage erzählt. Das Städt-
chen verdankt seinen Namen weder dem schelmischen Wander-
burschen noch den Bischöfen und Fürsten, welche die Stadt ihrer
Kirche wegen angeblich ‚use Dom' nannten. Es waren auch hier
die Wenden, die der in der Nähe der Peenemündung ins Haff
gelegenen Ansiedlung den treffenden Namen Huznoim — Uznam
(= Mündung) gaben.

Von den Wenden, die in und auf Usedom unter ihren roten Fah-
nen mit dem weißen Greif gegen ihre Unterdrücker kämpften,
will ich erzählen. Für sie bedeutete der fliegende Löwe mit dem
Störschwanz und dem Habichtskopf, der im Altertum als Wächter
des Goldes galt, das Sinnbild der Freiheit. Und die Freiheit
schätzten sie höher als Gold und alle Schätze dieser Erde.

1121 gelang es dem Polenkönig Boleslav III., vom Volk, das ihn
mehr fürchtete als liebte, „Schiefmund" genannt, mit Unterstützung der Dänen die slawischen Stämme des Odergebietes in
blutigen Kämpfen zu überwinden. Als nach erbitterten Kämpfen
nahezu 18 000 Tote das Schlachtfeld bedeckten, mußte sich auch
das alte Uznam ergeben. Der wendenfeindliche deutsche Kaiser
und Sachsenherzog Lothar von Supplinburg belehnte daraufhin
Boleslav mit „de Pomerians et Rugis" (Pommern und Rügen), und
die Pommernherzöge blieben dem polnischen Herrscherhaus der
Piasten lange Zeit tributpflichtig. Wartislav I., der erste Herrscher
aus dem Wolgast-Szczeciner (Stettin) Greifenhaus, mußte sich
ferner verpflichten, das Christentum anzunehmen. Das war der
Anfang vom Ende der jahrhundertealten slawischen Freiheit.

Von Boleslav III. ins Land gerufen, von Wartislav empfangen,
hielt am Pfingsttag des Jahres 1128 der Bischof Otto von Bamberg, von einem glänzenden Gefolge begleitet, seinen Einzug in
Usedom und errichtete auf dem alten wendischen Burgwall das
Kreuz. Auf der Kuppe des Hügels, von wo aus man über den
Usedomer See, das Haff und die alten Dächer der Stadt weit in
das Land hineinsehen kann, ragt noch heute ein weithin sichtbares
steinernes Kreuz. Die Inschrift auf seinem Sockel hält die Erinnerung an jenen Pfingsttag mit den Worten fest:

„An dieser Stelle / Nahmen zu Pfingsten 1128 / Die Führer der
Wenden / In Westpommern / das Christentum an. / Gott will

nicht / erzwungenen, sondern / freiwilligen Dienst. / Otto von Bamberg. / Errichtet 1928".

Entgegen den schönen Worten des Bischofs mußte die Christianisierung des Oderlandes erzwungen werden. Fest hielten die Wenden an dem Glauben ihrer Väter, und überall, wohin der Bischof auf seiner Reise von Usedom nach Wolgast kam, blickte er in feindselige Gesichter.

In der Hexenheide bei Zinnowitz versteckte sich ein heidnischer Priester, der im Namen Borowitts die Wenden aufforderte, jeden zu töten, der sie zu bekehren suche. In Wolgast klirrten die Waffen, und auch die Rügianer drohten dem Bischof mit dem Tod, sobald er nur seinen Fuß auf ihre Insel setze. Den Ernst dieser Worte mußte der ungetreue Wartislav erfahren, dessen Leben ein Wendendolch beendete. Das Kreuz, das die alten heidnischen Tempel verdrängte, brachte dem Land keinen Frieden.

Als im Jahre 1147 der französische Mönch Bernhard von Clairvaux zum zweiten Kreuzzug gegen alle Ungläubigen aufrief, wälzten sich die eroberungssüchtigen Heere der Kreuzritter nicht nur nach dem Süden, sondern auch nach dem Osten Europas. Mordend und plündernd brachen 60 000 Krieger in das Wendenland ein, und der Papst in Rom erteilte diesem „Wendenkreuzzug" seinen Segen. Viermal verwüsteten Kriege mit Sachsen, Brandenburgern und Dänen im ausgehenden zwölften Jahrhundert die Insel. Zweimal setzten die feindlichen Horden auf die strohgedeckten Dächer Usedoms, das einen Mittelpunkt wendischen Widerstandes bildete, den roten Hahn und brannten die Stadt bis auf ihre Grundmauern nieder.

An den rauchenden Trümmern vorbei schlichen sonderbare Gestalten in langen, geisterhaft weißen Kutten, das feiste Gesicht unter breiten schwarzen Hüten verborgen. Prämonstratenser-Mönche, die aus dem fernen Magdeburg kamen, um im Süden der Stadt das erste Kloster auf der Insel zu errichten. Das war im Jahre 1155. Kaum, daß die Mauern des Klosters Grobe notdürftig standen, entwickelten die Mönche emsige Geschäftigkeit. In Usedom, Liepe, Benz und Zirchow trieben sie den Kirchenbau mächtig voran und fanden zwischen ihren Gebeten und Missionsübungen noch reichlich Zeit zur Erledigung recht weltlicher Dinge. Obwohl ihnen ihr Orden Keuschheit, Gehorsam und Armut auferlegte, erwarben sie innerhalb kurzer Zeit durch Schenkung, Kauf oder Tausch mehr als zwanzig Dörfer auf der Insel. Der an der Peene liegende bekannte Fährort Zecherin, ferner Benz, Bansin,

die gesamte Halbinsel Liepe, Kamminke (Sitz der wendischen Familie von Kameke) südlich des Golm und Liegenschaften im weit entfernt liegenden Anklam, Ückermünde und Pasewalk gehörten schon in jenen frühen Zeiten zum Klosterbesitz.

Von nun an gingen die Mönche behäbiger und selbstgefälliger durch die Straßen der Stadt. Die Herzöge aus dem Greifenhaus ließen — auf ihr Seelenheil bedacht und bestrebt, in der mächtigen Geistlichkeit neue Verbündete zu gewinnen — keinen Tag vorübergehen, an dem sie den Mönchen nicht neue Geschenke machten und noch größere Vorrechte gewährten. Die Prämonstratenser vereinnahmten die Brücken- und Wegzölle, die Zölle in den Krügen und auf den Märkten, den Schiffszoll und den Oderzoll. Sie allein waren ermächtigt, den Herzogs- und Bischofszehnten bei den Bauern einzutreiben und nach ihrem eigenen Gutdünken zu „gottgefälligen" Werken zu verwenden. Die Mönche aus Grobe besaßen die Fischereigerechtsame im fischreichen Usedomer See, auf dem Haff, in der Peene und später, nachdem sie Sellin erworben hatten, auch auf der Ostsee. Ihnen übertrugen die Herzöge die niedere und höhere Gerichtsbarkeit ‚an Hand und Hals' und befreiten sie von Abgaben und Zöllen.

Immer seltener rumpelten an den Markttagen die zweirädrigen Wendenkarren in die Stadt. Die langen, blutigen Kriege hatten das Land verwüstet, viele Dörfer von der Erde vertilgt, und in den wendischen Sippen hatte der Tod reiche Ernten gehalten. Das Land war so kahl geworden, daß sich die Schwalben unter den

Steuerrudern der Schiffe ihre Nester bauten. Angelockt durch die Berichte der Mönche, die das Land am Meer als ein wahrhaftiges Paradies schilderten, in dem Milch und Honig floß und auf dessen Hügeln der herrlichste Wein wächst, begann jene Zeit, die der slawische Chronist Helmold mit folgenden Worten schildert: „Die Zehnten vom Land der Slawen nahmen zu, weil deutsche Ansiedler aus ihrer Heimat herbeiströmten, um das Land zu bebauen, welches geräumig, fruchtbar an Getreide, reich an vorteilhaften Weiden und mit Fisch, Fleisch und allem Guten im Überfluß versehen war."

Vor den Toren Usedoms stauten sich die Planwagen der Niedersachsen und Flamen, die, begleitet von den „gen Ostland" reitenden Ordensrittern, im Wendenland billigen Reichtum zu erwerben hofften. Sie erniedrigten die alten Herren des Landes, die freien wendischen Bauern, zu Tagelöhnern und Fischern. Die wendischen Edlen mußten ihre Güter an das Kloster verkaufen, oder ihre Liegenschaften verwandelten sich in fürstliche Lehen, auf denen sich die deutschen Ritter breitmachten. So ergriffen die Lepels vom Gnitz und von der Insel Görmitz, die Nyenkerken (Neuenkirchen) von Mellenthin, der Ritter Johann Voß mit dem roten Fuchs im silbernen Wappenschild von Krummin mit Zinnowitz und Mölchow Besitz. Die Deutschen erhielten das Recht, jeden wendischen Bauer, den sie „auf Umwegen" betrafen, straflos am nächsten Baum aufzuknüpfen. Nachdem die Wenden um 1250 auch aus den Gilden und Zünften der Handwerker verdrängt worden waren, wanderten die meisten von ihnen nach dem Osten aus.

Das heitere Lied der Zymbeln verstummte, die hohen kegeligen Fellmützen und bunten, wendischen Wämser über den an der Seite verschließbaren Fuhrmannshemden verschwanden für immer aus dem alltäglichen Straßenbild. Zu den wenigen, die ihrer Heimat die Treue hielten, gehörten die Bauern im Lieper Winkel, der fast wie eine Insel durch einen undurchdringlichen Wald von Usedom getrennt war. Als ihre Nachkommen sind die auf Usedom weitverbreiteten Labahne (wendisch: Labanow) anzusehen. Allein in Ückeritz wohnen 22 Familien dieses Namens.

Schon im Jahre 1181 war die „deutsche Kolonisation" in Pommern so weit gediehen, daß der Herzog Bogislav I. dem deutschen Kaiser Barbarossa als Reichsfürst huldigte. Ein halbes Jahrhundert später begegnen wir auf Usedom dem ersten deutschen Vogt. Während zahlreiche Dörfer wendischen Ursprungs, die noch im 13. Jahrhundert urkundlich erwähnt werden, vom Bild der Landschaft und der Karte verschwanden (wie Lutebog am Kachliner See, Loritz bei Ückeritz, Palsin zwischen Morgenitz und Mellenthin, Gumzin zwischen Usedom und Krienke), gründeten die deutschen Einwanderer eigene Ansiedlungen, darunter Ahlbeck, Neukrug bei Heringsdorf, Peenemünde und Neuendorf.

Mit dem Jahre 1298 begann für Usedom eine große Zeit. Tief verschneit lagen die kleinen Häuser, als am Vorweihnachtstage die Abgesandten des Herzogs Bogislav IV., in dicke Pelze gehüllt, durch die Straßen ritten. Sie brachten dem alten Usedom stattliche Geschenke, welche die Unbill der vorangegangenen Kriegs- und Notzeiten vergessen machen sollten. Es waren dies das Lübsche Recht nach Greifswalder Gebrauch, Zollfreiheit in den herzoglichen Landen, Bestätigung der Stadtgrenzen, die Fischereigerechtigkeit innerhalb des Stadtgebietes und auf dem Haff, das Ackerrecht und die Mühlen-Konzession.

Aber das gemächliche Usedom vermochte nicht mit den geschäftigeren und günstiger gelegenen Städten Greifswald, Wolgast und Anklam Schritt zu halten, die ihren Blick wagemutig aufs Meer richteten und sich schon bald der meerbeherrschenden Lübecker Hanse anschlossen, um mit ihr die eigene Blüte zu erleben. Nur an den Markttagen herrschte Hochbetrieb innerhalb der engen Mauern; denn die Bauern der Insel waren den Usedomer Kaufleuten auf Gedeih und Verderb ausgeliefert.

Immer wieder klopften im Mittelalter Not und Tod mit rauhem Finger an die drei eichenen Tore der Stadt. 1364 setzte der „Schwarze Tod", die Pest, den Fuß auf die Insel, und ärger als sonstwo wütete er in den engen, winkligen Gassen Usedoms, wo er sich hämisch grinsend von Haus zu Haus schlich. Fast zwei Drittel der Bevölkerung wurden hinweggerafft. Wehklagend zogen die Geißelbrüder durch das Land, und wo man sie stellte, loderten die Scheiterhaufen auf.

Kaum daß die Narben der alten Wunden verheilt waren, brachen sie von neuem auf. Der Pest folgten Mißernten, Unwetter und Hungersnot. Ohne Glück rumpelten die wenigen Handelskarren der Usedomer Kaufmannschaft über die aufgeweichten, unsicheren Landstraßen. Die Vornehmen des Landes betrieben Straßenraub und Wegelagerei geradezu als Geschäft und plünderten mehr als einmal die Karren der Usedomer Händler. Selbst die Feudalherren jener Zeit trieben einträglichen Seeraub.

In den zahlreichen, geschützten Buchten der Insel Usedom fanden die Seeräuber sichere Schlupfwinkel, und in ihren wendigen Booten wagten sie sich bis in die Nähe der Stadt. Die Mächtigsten unter ihnen waren die von Klaus Störtebecker und Michael Goedke geführten Vitalienbrüder, geschworene Feinde aller Pfeffersäcke und Patrizier, aber Freunde der armen Leute. Sie machten Nord- und Ostsee gleicherweise unsicher. Auch bei Zinnowitz, Heringsdorf und — wie könnte es anders sein — am Streckelberg, wo man noch jetzt zur Nachtzeit Waffengeklirr vernehmen soll, haben sich ihre Höhlen befunden.

Noch lange Zeit spukte in der Nähe der Räuberkuhle bei Heringsdorf, die durch einen unterirdischen Gang mit dem Strand in Verbindung stand, die ruhelose Seele der schönen Bürgermeistertochter von Wollin, die Störtebecker, wie die Sage berichtet, hierher entführte. Kein Wunder, wenn die Ahlbecker Mütter bis ins vorige Jahrhundert ihre Kinder vor dem Weglaufen mit den Worten warnten: „Störtebeck kümmt; wo willst du henn?" Es ist zu begrüßen, daß die Umgebung der Störtebeckerschlucht und des Kulm bei Heringsdorf schon in Kürze vom zuständigen Bezirksamt für Denkmalpflege unter Landschaftsschutz gestellt werden sollen.

Unbeeinflußt von allen Irrungen und Wirrungen der bewegten Zeit verfolgten die Mönche ihre eigenen Ziele. Bestrebt, der Einflußsphäre der erstarkenden Stadt zu entrinnen, verlegten sie ihr Kloster 1307 nach dem stilleren Pudagla. Inzwischen hatten auch in Krummin die Cistercienser ein Nonnenkloster gestiftet, das Zinnowitz und Mölschow als Klosterbesitz erhielt. Immer heftiger entbrannte zwischen Adel und Geistlichkeit der Kampf um Reichtum, Macht und Würde.

Um dem Adel die verbrieften Rechte aus der Tasche zu gaunern, sannen die Mönche auf neue Mittel, die Hinrick Wittenborgh (1394—1434) als Abt Heinrich von Pudagla auch fand. Mit Hilfe von 14 gefälschten Urkunden, die ihm willige Mönchlein eilfertig schrieben, entriß er dem Adel große Teile ihres Landbesitzes, darunter die Dörfer Neppermin, Kachlin, Dargen, Görke und Neuhof. Mit besonderer Gier trachtete der Abt nach dem Besitz der auf Stolpe ansässigen Schwerins. Wo es zu Prozessen kam, standen ihm die Lepels vom Gnitz als ‚Dheget Dinghet Lüde' (in altniedersächsischer Mundart „Gerichtsleute") getreulich zur Seite. Mord und Totschlag waren an der Tagesordnung und nicht selten mußte ein unschuldiger Klosterknecht die Sünden seines Abtes mit dem eigenen Leben bezahlen.

Das Volk aber war nicht gewillt, dem eigensüchtigen Treiben der Geistlichkeit tatenlos zuzusehen. Verzweifelte Bauern, die man von Haus und Hof vertrieb, steckten wie Hans Becher aus Zecherin, ihren Besitz in Brand. In Anklam streikten die Fischer, in Stralsund kam es zu Bürgeraufständen, und in Greifswald kämpfte der berühmte Universitätsrektor und Humanist Rubenow an führender Stelle gegen die Skrupellosigkeit der katholischen Priester.

Dennoch gelang es dem Kloster Pudagla der größte Grundherr auf Usedom zu werden. In seiner Prahlsucht kaufte es den Schmollensee und lieh dem Herzog zu Stralsund 5000 Mark, um auf diese Weise wertvollen Landbesitz und einträgliche Patronatsrechte auf Rügen, besonders an der Kirche in Gingst, zu erwerben. Bestrebt, ihre Einnahmen aus den Krugzöllen zu steigern, errichteten die Pudaglaer Mönche den Krug Tessenthin, seit 1394 „der nige Krug" genannt, der uns seinen Namen im Neukrug bei Heringsdorf hinterlassen hat, und in der Nähe des Wockniensees am Strand von Ückeritz einen weiteren Krug, dessen Pächter Heinrich Netzeband wohl der erste Schankwirt auf der Insel war.

Habsucht und Übermut, die der Sage nach das stolze Vineta zu Fall gebracht haben sollen, bereiteten auch der päpstlichen Kirche das Grab. Die Gottesdienste, Kranken- und Armenpflege waren nur noch leere Phrase. Die Zuchtlosigkeit der Geistlichen, ihre Bestechlichkeit und Habsucht konnten nicht länger verborgen bleiben. Die Stralsunder Mönche trieben öffentliche Unzucht, nicht anders hielten es die Beichtväter der Nonnen von Krummin, wie der Fund eines ermordeten Säuglings unter der Klostermauer beweist. Selbst der Herzog Bogislav X. buhlte mit Weibern, die ihm seine Pfaffen zuführten.

Weder die Einführung des Ablaßhandels noch die verschärfte Durchführung der Inquisition — besonders in den westlichen Ländern — vermochten den Verfall der päpstlichen Kirche aufzuhalten. Das erbitterte Volk schimpfte die Mönche „Kuhhirten" und „Schäferknechte", und über das Treiben der Pudaglaer Ordensbrüder schreibt ein Kirchenchronist:

Prämonstratenser man diese nennt:
Ihr Leben wohl ein jeder kennt,
vom Fuß auf sind sie weiß gekleidet,
damit zu deuten ihr rein Keuschheit.
Ja, wenn sie schlafen, glaub ichs wohl;
Schlemmen, Prassen, seien allzeit voll.
Das ist das schwerste in ihrem Orden
Sonst ist nichts Gutes von ihnen worden.

Der Greifenherzog Bogislav X. (1474—1523), der wohl selbst ein großer Schlemmer und schlimmer Sünder war — Luther, dem er beichten wollte, wies ihn mit den Worten ab: „Ach, was sollte ein so großer Sünder wohl einem armen Mönchlein beichten?" — verstand, die Krise der Kirche zur Befestigung seiner eigenen Macht geschickt zu nützen. Der Zuwachs von Klostergut gab ihm die Macht, die Anfänge zu einem neuen Staatswesen zu legen und allmählich einen Beamtenstaat zu schaffen, dessen Verordnungen auf allen Wirtschaftsgebieten Nachdruck verliehen werden konnte. Durch seine Tatkraft unterschied er sich von allen seinen Vorgängern und darf wohl — neben Erich I., der gleichzeitig König von Norwegen, Schweden und Dänemark war — als der bedeutendste Herrscher aus dem Greifenhaus angesehen werden.

Auf der Höhe dieser Epoche gaben die Thesen Luthers gegen den Ablaß das Signal zum offenen Kampf gegen Rom. Die Reformation, die nicht nur eine kirchliche war, begann. Ihr Wegbereiter in Norddeutschland war der 1485 in Wollin geborene und 1558 als Mitarbeiter Luthers in Wittenberg gestorbene Johannes Buggenhagen. Nachdem im Jahre 1534 der Landtag in Treptow a. R. die Lutherische Lehre angenommen hatte, wurde das Klostergut auf der Insel eingezogen und in Domänen oder adlige Vorwerke aufgeteilt. Aber noch bis 1732 wurden in den meisten Kirchen die weißen katholischen Meßgewänder beibehalten. In Pudagla zogen die neugewählten „Amtshauptmänner" ein, die vorwiegend die Neuenkirchen aus Mellenthin, die Lepels vom Gnitz und die Stolper Schweriner stellten. Die Lage der Bauern besserte sich unter den veränderten ökonomischen Verhältnissen keineswegs. Noch immer bildeten Adel und Geistlichkeit die Landstände. Die Bauern aber waren verpflichtet, die Domänen, die weder Gesinde noch Zugvieh besaßen, durch Hand- und Gespanndienste für die Lehnsherren und Pächter zu bewirtschaften. Wie schwer ihr Los war, beweist ein Blick in die 1616 angenommene „erweiterte und erklärte Bauernordnung für Pommern", die folgende Hauptbestimmungen enthielt:

„Die Bauern in Pommern sind leibeigen, sie und ihre Kinder dürfen ohne Genehmigung des Gutsherren nicht verziehen; ihre Bauerngüter sind Eigentum des Grundherren, der sie jederzeit einziehen kann, die Bauern dürfen ihre Höfe also nicht zerteilen, verkaufen, vererben oder belasten. Die Bauern sind der Herrschaft zu ungemessenen Diensten verpflichtet. Die Städte dürfen keine

Bauern, Tagelöhner oder Bauernsöhne ohne Erlaubnis der Herrschaft als Bürger aufnehmen."

Die landwirtschaftlichen Arbeiter besaßen keine „Koalitionsfreiheit". Gilden von Schäfern und Müllern, wie es unter städtischen Handwerkern üblich war, waren bei Lebensstrafe verboten! Verzweifelt stöhnten die Inselbauern unter der Knute des Absolutismus.

Da warf ein neues, noch größeres Unglück seine düsteren Schatten auf die Insel voraus: im Gefolge der deutschen Reformation trieben die inneren Kämpfe zur nationalen Katastrophe des Dreißigjährigen Krieges. Von Süden rückte des Kaisers böhmischer Heerführer Wallenstein ins Land. Im Norden bestiegen die Dänen ihre Schiffe. Auch an der deutschen Ostseeküste rührte man die Werbetrommel. Doch die Städte weigerten sich, dem Herzog Soldaten zu stellen. Auf dem kleinen Usedomer Marktplatz versammelten sich ein Dutzend Stadtknechte, mit alten Hellebarden bewaffnet, um dem mächtigen Feind entgegenzuziehen ... Inzwischen landete schon Christian IV. von Dänemark mit seinen Truppen auf der Insel.

Wie einst seine Vorfahren zur Wendenzeit überzog er das Land mit Raub, Mord und Brand. Wolgast stand in Flammen, die Gegenden um Peenemünde und an der Swine-Mündung wurden verheert. Von den Türmen der Stadt Usedom meldeten die Wächter das Anrücken der Quartiermacher Wallensteins. Einlaß fordernd trommelten derbe Soldatenfäuste gegen die Tore. Bagagewagen rumpelten über das Pflaster. Ängstlich vergruben die verschreckten Bürger ihre wenigen Habseligkeiten in den Hausgärten. Die Pferdejungen und Soldatendirnen vom Bagagetroß randalierten durch die Straßen, stahlen zur Nachtzeit das Vieh aus den Ställen und erbrachen die eisenbeschlagenen Truhen aus Urväterzeiten auf den Dachböden. Das wenige Vieh, das verblieben war, mußten die Usedomer Bauern zur Peenemünder Schanze treiben.

Der Krieg, der unter religiösem Vorwand begann, zeigte sich immer deutlicher als ein Machtkampf zwischen Kaiser und Fürsten. Den Wallensteinschen folgten die Pappenheimer, den Pappenheimern die Kroaten. Die Häuser wurden nicht leer von Einquartierungen. Besonders schlimm trieben es die Kroaten, sie steckten Zinnowitz in Brand und zerstörten Krummin und Koserow. Der alte Ort Kölpinsee wurde dem Erdboden gleichgemacht, von Bansin blieben nur zwei Häuser stehen. Die Hungersnot auf der Insel und im benachbarten Wolgast war so groß, daß die Bauern das Brotmehl mit Erde streckten, und viele, die keinen Acker ihr eigen nannten, nährten sich von Wurzeln und Baumrinde. Selbst Leichen dienten den Lebenden zur Nahrung. Trotzdem verhungerten viele, in Koserow innerhalb von vier Wochen gleich 12, andere setzten verzweifelt ihrem Leben selbst ein Ende.

Da landete am 24. Juni, dem Johannistag des Jahres 1630, Gustav Adolf von Schweden mit 10 000 Mann — darunter seine gelbe Leibgarde und eine rote Brigade — bei Peenemünde, von wo aus er nach kurzer Rast zu seinem Siegeszug über die Insel antrat. Am Strand entlang marschierten die schwedischen Truppen zunächst zur Mündung der Swine, und innerhalb von zehn Tagen gelang es ihnen, Usedom und Wollin, Sczeczin (Stettin), Wolgast, Stralsund und Greifswald vom Feinde zu befreien. Aber auch der von der notleidenden Bevölkerung als Retter gepriesene Gustav Adolf war bemüht, den Krieg auf Kosten Deutschlands zu führen. Den Bauern, Fischern, Handwerkern und Bürgern der Insel fiel es deshalb nicht leicht, den schwedischen Löwen satt zu füttern. Trotzdem war die Trauer der Usedomer echt und groß, als bekannt wurde, daß Gustav Adolf am 6. November 1632 in der

Schlacht bei Lützen den Tod gefunden hatte. Seine Leiche wurde von Wolgast aus nach Schweden eingeschifft.

In dieser kriegerischen Zeit stand ganz Pommern unter der Herrschaft des zaghaften und kränklichen Bogislav XIV. Mit seinem Tode im Jahre 1637 erlosch der Greifenstamm, der ein halbes Jahrtausend das große Land zwischen dem Darß und dem fernen Gdânsk (Danzig) geteilt oder ungeteilt in feudaler Unterdrückung regiert hatte. Es zeugt für die unsagbare Armut des Landes, daß der Leichnam des Herzogs unbestattet bleiben mußte und erst 17 Jahre später in der Gruft seiner Väter beigesetzt werden konnte. Der stolze Greif hatte sich nicht als treuer Hüter der Freiheit und des Reichtums der alten slawischen Lande erwiesen. Die zahlreichen Wartislave und Boleslave, zu Unrecht die „Strahlenden" genannt, hatten das Erbe ihrer Väter nutzlos vertan. Ihr Land lag leer und verwüstet und bot ein jammervolles Bild. Die Kulturarbeit vieler Geschlechterfolgen war vernichtet. Damals sangen die Mütter ihren Kindern das traurigste aller Kinderlieder:

> „Maikäfer, flieg!
> Dein Vater ist im Krieg,
> Deine Mutter ist im Pommerland —
> Pommerland ist abgebrannt,
> Maikäfer flieg!"

Das alles erlebte ich an jenem hellen Sommertag in Usedom, als ich nach alten Chroniken und Büchern suchte, die auf irgendeinem verstaubten Dachboden oder Speicher liegen sollten. Als mir die Vergangenheit der Stadt so entgegen getreten war, blickten die alten Häuser in den stillen Straßen ganz anders drein als am frühen Morgen: trotzig, zäh und ein wenig stolz. Ist auch die Stadt so voll versonnener Freundlichkeit, es redet dennoch die Stärke des Fleißes, der sinnvollen Arbeit aus ihr, die ihr die Kraft gaben, allen Stürmen, die dereinst über sie hinwegbrausten, mutig entgegenzutreten.

Rings um das alte Schloß von Mellenthin

Auf halbem Wege zwischen Usedom und Bansin, in Mellenthin, steht inmitten eines ausgedehnten Parkes, durch einen breiten Wassergraben von den schmucklosen Lehm- und Backsteinkaten des Dorfes getrennt, das alte, schloßartige Herrenhaus. Eine verwitterte Sandsteintafel an der linken Seite des Haupteinganges, zu dem ein paar ausgetretene Steinstufen hinaufführen, trägt die Inschrift:

„Anno 1596: Anno 1575 hat der edle und ehrbare Rüdiger von Neuenkirchen dieses Haus gefundert und anno 1580 verfertigt. Zum Gedächtnis hat ihn sein Sohn Christoph Neuenkirchen diese Nachricht setzen lassen." —

Schon seit langem kannte ich das Schloß mit der strahlend weißen Fassade und den hellen, säulengetragenen Sälen aus den Werken der Kunstgeschichte, die es als eines der wenigen Wasserschlösser Norddeutschlands verzeichnen. Nun sollte es das Ziel einer Tageswanderung werden. Erwartungsvoll hatte ich mich am frühen Morgen auf den Weg gemacht, vielleicht ein wenig zu erwartungsvoll die altbesiedelte Gegend nördlich der Mellenthiner Heide durchwandert und über die langgestreckten rechteckigen Flurstücke — mit ihren eigenwilligen Namen — hinweg Ausschau nach dem früheren Besitz der Neuenkirchen gehalten. Als ich dann in dem holprigen Schloßhof stand und noch darüber nachdachte, warum die Mellenthiner den Dorfanger unterhalb der Schule „Hundemarkt" nannten, war ich von dem Anblick, der sich mir bot, enttäuscht.

Die Torbogen sind zerfallen. Einer bösartigen Flechte gleich hat das Moos die Balustraden bezwungen. In dem vernachlässigten Park können die Pflanzen nach Lust und Liebe blühen oder verkommen. Weder die Schere noch die hegende Hand des Gärtners hindern sie daran. Unter den alten Bäumen wachsen verwilderte Rosenstöcke. Wie ein kühner Eroberer hat sich mannshohes Brennnesselgestrüpp von allen Seiten dicht an das Schloß herangedrängt. Der Wassergraben ist verschlammt, seine Mauern sind zerfallen und der geheimnisumwitterte unterirdische Gang, den der Sage nach in alten Zeiten der „Ritter mit der goldenen Kette" von Mellenthin nach Pudagla graben ließ, um eine junge Nonne zu entführen, ist längst vergessen. Die Parkseite des Mellenthiner Herrenhauses gleicht einem Dornröschenschloß. Nur noch Anlage und Schau wissen heute von den längst vergangenen Zeiten zu berichten.

Wer aber angestrengt hineinlauscht in den warmen Windhauch, der um das alte Gemäuer spielt, in das Mückenwiegen im stillen Winkel, in den Vogelruf, der aus dem Park erklingt, und das Knistern im alten Gebälk, dem mag freilich auch heute noch ein Stück Vergangenheit lebendig werden.

Als Schweden 1648 durch den Westfälischen Frieden von Münster und Osnabrück von Deutschland nicht nur 5 Millionen Dukaten Kriegsentschädigung, sondern ganz Vorpommern mit Usedom-Wollin und Rügen und das Erzbistum Bremen zum Geschenk erhielt, begann für Mellenthin die „Schwedenzeit". In das alte Schloß, dessen letzter Besitzer kinderlos gestorben war, hielt Axel Oxenstjerna, Kanzler von Schweden und Vormund der erst zweiundzwanzigjährigen Christine von Schweden, die als Gustav Adolfs Tochter mit sechs Jahren zur Königin gekrönt worden war, seinen Einzug. Axel Oxenstjerna ließ sich seine der Krone geleisteten Dienste gut bezahlen. Außer den Besitzungen der Neuenkirchen erhielt er das Amt Pudagla und Kaseburg. Die schwedischen Zöllner, die der Kanzler an die Mündungen der Oder, Elbe und Weser postierte, sorgten dafür, daß der schwedische Löwe nicht Mangel litt.

Vom Vater vererbte sich das Schloß auf den Sohn, und als dieser starb, mochte es seiner jungen Witwe Margarete de Brahe doch schon recht bald einsam geworden sein in der ländlich abgeschiedenen Gegend. Sie heiratete den Landgrafen Friedrich von Hessen-Homburg, der damals als Obrist bei den Schweden diente, jenen Jüngling, dem Heinrich von Kleist in seinem Drama „Prinz Friedrich von Homburg" ein bleibendes Denkmal gesetzt hat. Es ist, als würden die Worte der Dichtung: „Welch einen sonderbaren Traum träumt' ich?! / Mir war, als ob von Gold und Silber strahlend / ein Königsschloß sich plötzlich öffnete / und hoch von seiner Marmorramp' herab / der ganze Reigen zu mir niederstiege...", den langen Zug all derer anführen, die einst von Mellenthin aus im weiten Umkreis das Land beherrschten. Dem stolzen Oxenstjerna folgt der schwedische Obrist Müller von der Lühe mit seinem Sohn. Umgeben von Dienstleuten und Mägden steigen sie die Treppen herab. Und der, mit dem derben Gesicht und den kalten Augen, der nach ihnen kommt, das ist der Kriegsrat Blechert Peter Meyenn. Von ihm erzählen die Bauern, daß er ein eisernes Halsband trage, zu dem nur der Scharfrichter in Sczeczin den Schlüssel besitze. Meyenn war einer der Grausamsten von denen, die sich Herren des Landes nannten. Im Zorn erschlug er einen Bauer, der nicht freiwillig von seinem Hofe weichen wollte.

Die Gutsherren von Mellenthin wußten selbst, daß sie keine Guten waren. Schon der alte Rüdiger von Neuenkirchen, der das Haus „fundern" und den reichverzierten Kamin in der von gotischen Spitzbogensäulen getragenen Vorhalle erbauen ließ, bekannte es mit zynischer Offenheit. Auf dem Kaminfries ließ er sich in Gesellschaft des Teufels darstellen, der ihn am Kragen packt und in die Hölle schleift.

Drüben, wo jetzt die Hühner nach Futter scharren, mögen dereinst über die alte Zugbrücke die Wagen des Joachim von Radecke, der als „seiner Majestät von Schweden getreuester Mann" die Güter Krummin, Mölschow und Neeberg besaß, und die des auf Loddin ansässigen schwedischen Steuereinnehmers Johann Beyer gerollt sein. An Festtagen kam aus dem benachbarten Pudagla Peter Anderson Slaghök herüber, den die Bauern heimlich den „bösen Appelmann" nannten. Appelmann war der erste schwedische Amtshauptmann auf Usedom, unter dessen Aufsicht das Land neu vermessen wurde. Die schwedischen Matrikelkarten und Visitationsprotokolle von 1692/97 bilden wichtige Geschichtsquellen jener Zeit. Nachdem die Schweden wußten, wie groß die Fluren der Krachts und Dinses waren, wieviel Kühe bei den Niemanns und Riecks im Stalle standen und was die Bauern sonst noch besaßen, konnte sich keiner mehr um die Zahlung der neueingeführten Steuern und Abgaben drücken. Möglich, daß der Flurname „Hundemarkt" sich noch aus jenen Zeiten erhalten hat und eine Verstümmelung des Wortes „Hundertmark", das die Steuer-, Pacht- oder Kaufsumme bezeichnet, ist.

Besonders verhaßt waren die „Lizenten", Ein-, Aus- und Durchfuhrzölle, die alle Waren, die in Usedom auf den Markt kamen, um das Drei- bis Vierfache verteuerten. Zuweilen wurden auch „Kopfsteuern" erhoben, was noch schlimmer war. Da mußten die vom Adel aus Mellenthin, Stolpe und vom Gnitz 3 Taler, die Müller von Usedom zwei und die armen Kossäthen, die kaum ein Dach überm Kopf ihr eigen nannten, 4 Schillinge bezahlen.

Damit es den Bürgern und Bauern nie an Steuergroschen mangelte, wachten die Diener der Obrigkeit streng darauf, daß sich keiner von ihnen zu üppig trug, daß Essen und Trinken ihrem Stand entsprach, daß man keine Hochzeit zu fröhlich, keine Kindtaufe zu ausschweifend feierte. Selbst das Grabgeleit der Toten und der Totenschmaus unterlagen strengen Bestimmungen. Nur den Herren, die in Mellenthin saßen, sah der Amtmann nicht so genau auf die Finger, und er wußte wohl warum.

Über all das hat im Laufe der Jahrhunderte die Zeit ihre Wellen geschlagen; wo es im Schloßhof einst nach Wehr und Eisen geklungen, da wächst nun Gras. Der Schlüssel in der Hand des Verwalters, groß wie die meisten aus jener Zeit, so daß man spaßen könnte, St. Petrus habe ihn verloren, hat mehr als einmal seinen Besitzer gewechselt. Nun aber, nachdem die Spitzhacke Platz geschaffen, sind die lichten Säle des Schlosses Schüttstelle für Getreide geworden. Wenn der alte Neuenkirchen noch sehen könnte, wie die Bauern ihr Korn freiwillig in sein Haus tragen, würde er sich verwundert die Augen reiben. Zu seiner Zeit mußten nicht selten die Kriegsknechte den Zehnten eintreiben. Auch das Schlafzimmer der Margarete de Brahe hat sich verwandelt. Aus dem Fenster ragt wie ein Galgen der Tragbalken eines Flaschenzuges. In dem alten Kamin brummt ein großer Elevator.

Das Neue, das sich hier vollzog, zeugt davon, daß die Räume des Schlosses zum ersten Male seit ihrem Bestehen eine nützliche Verwendung gefunden haben. Wer aber möchte sagen, daß es die zweckmäßigste ist? Ich kenne viele alte Schlösser und Burgen

in Thüringen, im Erzgebirge und in der Mark, in denen sich heute Werktätige erholen, in denen Kranke genesen, in denen Künstler neue Werke schaffen. Wieder andere gemahnen, als Feudalmuseen eingerichtet, an jene Zeiten, die sich in unserer Geschichte niemals wiederholen werden. In Mecklenburg wurden 1951 durch Ministerratsbeschluß einundzwanzig ehemalige Herrenhäuser, deren neue, den veränderten gesellschaftlichen Verhältnissen entsprechende Nutzung besonders schwierig erschien, vorerst unter Denkmalschutz gestellt. Ich denke, daß der alte Park und das Schloß von Mellenthin ebenfalls hinzugezählt und in rührige Denkmalspflege genommen werden sollten. —
Während ich mich noch über diese Dinge mit dem Verwalter unterhielt, rumpelte ein Lastkraftwagen in den Hof. Ängstlich gackernd und schnatternd flatterte das Federvieh beiseite. Der Vogelruf im Park verstummte.
Nun wehte der Sommerwind andere Geräusche zu den Häusern des Dorfes hinüber. Klirrend liefen die eisernen Ketten über die Räder des Flaschenzuges. Aus der Halle hörte man den Elevator brummen. Fröhliche Zurufe begleiteten die Arbeit, und alles ringsum zeigte ein verändertes Gesicht. Selbst das graue, von Wind und Wetter gezeichnete alte Gebäude, unter dessen Dach auf solch sonderliche Weise Vergangenheit und Gegenwart dicht beieinander wohnen, schien seine Aufmerksamkeit der Arbeit zuzuwenden. Fast schämte ich mich, dem geschäftigen Treiben um mich her tatenlos zuzusehen.
An dem alten Kirchlein vorbei, das mit seinem schiefen einsturzbedrohten Turme wie eine Glucke inmitten des kleinen, von einer trutzigen Mauer umgebenen Friedhofs hockte, ging ich den Weg ins Dorf zurück. Da Ferienzeit war, hoffte ich, bei dem jungen Lehrer ein wenig mehr über das alte Schloß, seine früheren Bewohner und die Zeit, in der sie lebten, zu erfahren. In dem schmucken, Anfang der Dreißiger Jahre erbauten Schulhaus, wurde die Geschichte des Leides und des Krieges, die auf das Land, das sich draußen vorm Fenster breitete, dereinst ihre Schatten warfen, auf neue Weise lebendig. —
Im 17. Jahrhundert tummelten sich auf den strategisch wichtigen Oderinseln, die wie ein Bollwerk vor dem Festland lagen, Soldaten aller Herren Länder.
Preußen, Polen und Dänen versuchten, den Schweden ihren billig erworbenen Besitz streitig zu machen. Vor Wolgast standen die Truppen Derfflingers, später rückten über die Pässe bei Pudagla

und Koserow in ihren dunkelgrünen Uniformen mit dem breiten Dreispitz die Russen an. An ihrer Spitze ritt der junge Zar Peter I., der einstige Schiffszimmermann. In der Ostsee kreuzte die erfolgreiche Flotte des holländischen Admirals Tromp. Aus dem fernen Fünen kam der schwedische Reichsmarschall Graf Gustav von Wrangel, um das Land vom Feinde zu befreien. Verbittert stöhnten die Bauern unter der Last der Kontributionen, und als die schwedische Kriegskasse leer geworden war, suchten sich die Schuldner an den Staatsgütern schadlos zu halten. Geschäftstüchtige Uniform- und Munitionslieferanten aus Sczeczin erhielten die Güter Morgenitz und Zecherin, samt aller darauf frohnenden Bauern, zum Pfand. —

Während wir so saßen, uns unterhielten und in Geschichtsbüchern blätterten, gingen Blick und Gedanken immer wieder hinüber zu dem ehemaligen Herrenhaus und den großen roten pyramidenförmigen Ziegeldächern der Wirtschaftsgebäude mit den Storchennestern. Und jedesmal kehrten sie mit einer neuen Frage, oft aber auch mit einer Antwort zurück.

Wie tief die Kultur in der Schwedenzeit stand, beweisen auf Usedom zwei Hexenprozesse. Die eine Hexe war die „Rösesche" aus Zempin, das Vorbild zu Meinholds „Bernsteinhexe". Sie starb am 5. August 1668 in Mölschow den Feuertod. Die andere, der man als Zauberin den Prozeß machte, war Maria Magdalena Schütt aus Gellenthin im Usedomer Winkel. Selbst die Jugendgeliebte des Wolgaster Herzogs Ernst Ludwig, Sidonia von Borcke, wurde der Hexerei und des Umgangs mit dem Bösen, Chim genannt, beschuldigt und 1620 als Achtzigjährige (!) in Sczeczin enthauptet und verbrannt.

Die zerrütteten Zustände, die damals in der Stadt Usedom herrschten, vergleicht der Chronist Gadebusch mit den endlosen Streitigkeiten zwischen Waiblinger und Welfen. Anstatt ihrem Tagewerk nachzugehen, verdächtigte einer den andern, und die Prozesse zwischen Magistrat und Geistlichkeit, Bürgern und Bauern wollten kein Ende nehmen. Selbst innerhalb der Zünfte und Gilden kam es häufiger zu Schlägereien als zu vernünftigen Beschlußfassungen, so daß einer der machtlosen Bürgermeister die verzweifelte Klage anstimmte:

> „Eigen-Nutz
> Heimlich-Neid
> Kindischer Rat

Die Stadt Troja verdorben hat,
Vielmehr Usedom
So Troja nimmer kann verglichen werden."

Hoffnungsvoll und zuversichtlich blickten die Usedomer der neuen Zeit entgegen, die 1720 für die Insel begann. In dem durch England vermittelten Stockholmer Frieden zwischen Brandenburg und Schweden kam Pommern bis zur Peene und somit Usedom und Sczeczin gegen eine Entschädigung von 2 Millionen Talern an Brandenburg-Preußen. Der von den Dänen eroberte vorpommersche Landbesitz jedoch (dazu gehörten Wolgast und Rügen) blieb schwedisch. Bis 1815 bildete die Peene eine internationale Grenze.

Zu ihrem Leidwesen sahen sich die Usedomer schon bald in ihren hochgestellten und nicht unberechtigten Erwartungen enttäuscht.

Mit der preußischen Ordnung hielt die preußische Knute ihren Einzug ins Land. Als erste meuterten die Besatzungen der Forts in Peenemünde und an der Swine. In letzter Minute gelang es den adligen Offizieren, die Flucht ihrer Mannschaften nach Rügen und Wolgast zu verhindern und die Rädelsführer zu verhaften. Die grausame Bestrafung blieb nicht aus; denn der Befehl des Königs lautete, jedem Deserteur die Nase und ein Ohr abzuschneiden, sie an einen Karren zu schmieden oder in die Festung zu sperren.

Die Lage der Bauern war noch trostloser als zur Schwedenzeit. Als ihre Klagen und Bitten bei dem preußischen Landrat, einem Schwerin aus Stolpe, kein Gehör fanden, überreichten sie dem König höchstpersönlich eine Bittschrift, in der sie berichteten, daß sie neben der schweren Reiterverpflegung, Hufensteuer, Hauspacht und anderen Abgaben jährlich ein gewisses Dienstgeld zahlen müßten, um vom Hofdienst bei den Grundbesitzern frei zu sein. Trotzdem müßten sie die Felder des Amtsmanns bestellen, Holz- und Feldsteine fahren und obendrein noch Prügel einstecken, wenn sie von ihm Gerechtigkeit forderten.

Weil durch diese Dienste ihre eigenen Felder immer mehr verkamen und das Vieh ruiniert wurde, baten sie den König „wehmütigst", „in den vielen Ausgaben uns einige Linderung widerfahren zu lassen, damit wir nicht gänzlich ausgespannt und zu fernerem Dienst mit der Zeit untüchtig werden. Wobei wir, und alles, was nur möglich ist, zu Ihrer Königlichen Majestät Dienste herzugeben erbieten, wenn wir nur einigermaßen substieren können, vor welcher Gnade wir jederzeit mit aller Untertänigkeit verbleiben Ew. Exzellenz untertänige Knechte, sämmtliche königlichen Untertanen aus dem Usedomschen Winkel und dem Dorfe Welzin."

Viele Bauern, die keinen anderen Ausweg sahen, der Unterdrückung zu entgehen, flohen damals zur Nachtzeit über die Peene ins Schwedische oder wanderten nach Rußland und Amerika aus. Andere, die es im Schwedischen nicht mehr aushielten, weil es dort auch nicht besser war, kamen zur Nachtzeit in ihren Booten von Rügen herüber, siedelten sich in Koserow an oder verdingten sich bei den Bauern im Lieper Winkel als Tagelöhner. Als sich Friedrich II. endlich gezwungen sah, eine Verordnung zur Milderung der Leibeigenschaft zu erlassen, um der Landflucht Einhalt zu gebieten und dem Heer tapfere Soldaten zu gewinnen, weil unfreie Bauern schlechte Krieger waren, dachte der Adel nicht daran, diese Anweisungen unter Verzicht auf persönliche Vorrechte zu respektieren.

So blieb alles beim alten und den kurzen Friedensjahren folgte ein neuer, der „Siebenjährige" Krieg. In aller Eile formierte sich die waffenfähige Bevölkerung zur Unterstützung der regulären Truppen zu einer preußischen Landmiliz und aus den in Swinoujscie vor Anker liegenden Handelsschiffen wurde eine Haff-Flotte gebildet. Die Rechnung des Krieges mußte auch diesmal das Volk bezahlen. Die beträchtlichen Naturalabgaben, die Quartierleistungen, Hand- und Gespanndienste verursachten ebenso wie die Diebstähle und Schulden, die auf das Konto der durchziehenden Soldaten kamen, den 8- bis 10 000 Einwohnern, die damals die Insel zählte, einen Gesamtschaden von 1 Million Mark.

Das unter schattigen Kastanienbäumen stehende Gutshaus in Zinnowitz zeugt davon, daß sich unter den Preußenkönigen auch die ökonomische Struktur des Landes änderte. Das Bauernland verwandelte sich vielerorts in königlichen Domänenbesitz. Die alteingesessenen Bewohner von „Tzys", Peter und Christian Ising, Hans Janke, Michel Lüder und Heinrich Hahn, wurden 1751 „im Namen des Königs" ausgesiedelt und das Land unter acht ausländische Kolonisten aufgeteilt. In das damals neuerbaute Gutshaus hielt ein Domänenpächter seinen Einzug.

Die Neugründung, die in erster Linie als Milchgut gedacht war, dem auch Bauern aus Koserow und Ückeritz 190 Tage im Jahr dienstpflichtig waren, erhielt den Namen „Zinnowitz". Während die einheimischen Bauern für ihre Frondienste am Tage kaum einen Groschen erhielten und das Erntebier des Grundbesitzers nicht „to supen" war, blieben die Kolonisten von allen Abgaben verschont. Selbst vom Militärdienst waren sie befreit.

Auf die gleiche Weise entstanden auf dem südlich der Stadt Usedom belegenen Klosteracker die Domäne Wilhelmsfelde und auf einem trockengelegten Teil des Thurbruchs die Domäne Ullrichhorst mit ihren schmucklosen Häusern links und rechts der geradlinigen Straße. —

Der gleiche Ehrgeiz, der Friedrich II. nach dem 2. Schlesischen Krieg Sanssouci erbauen ließ, um der Welt zu zeigen, wie wenig der Krieg seinen Kassen geschadet habe, mag es gewesen sein, dem Swinoujscie seinen Hafen verdankt. Unmittelbar nach dem 1. Schlesischen Krieg entstanden die ersten Bauprojekte, obwohl der Hafenbau selbst erst nach dem Siebenjährigen (dem 3. Schle-

sischen) Kriege beendet wurde. Dieses Millionenobjekt versprach
von Anfang an reichen Gewinn. Der Swinehafen brachte den
Ostseeverkehr, der bisher am schwedischen Ruden und an Wolgast
vorbei durch die Peene nach Sczeczin führte, in preußische Hände,
ganz abgesehen von seiner strategischen Bedeutung.

Die Usedomer freilich verrichteten nur murrend die zahlreichen
Fuhrdienste, die während der Bauzeit des Hafens an der Tagesordnung waren; denn als Swinoujscie, vom Volke das „Nest-
kücken" genannt, 1765 das Stadtrecht erhielt, war der Nieder-
gang ihrer eigenen Stadt endgültig besiegelt. Handel und Wandel
verlagerten sich an die Swinemündung. Kaufleute aus ganz
Deutschland, aus Berlin und Leipzig, Thüringen und Braun-
schweig, die sich in der jungen Stadt ansässig machten, entfalteten
eine emsige Geschäftigkeit. Schiffe aus aller Welt löschten im
Hafen ihre Fracht und schon bald gesellten sich ihnen die seetüchtigen Handelsschiffe der einheimischen Reeder und Schiffs-
eigner zu. Unter neutraler Flagge segelnd, brachten sie besonders
in den Jahren des Nordamerikanischen Krieges und zur Zeit des
Krimkrieges ihren Eigentümern Geld in Hülle und Fülle.

Und so wie in Swinoujscie kam auch in Wolgast der Wohlstand
und der Reichtum der Bürger aus dem Hafen. Im ausgehenden
18. Jahrhundert besaßen die Wolgaster Reeder 70 große Schiffe.
Die „Zufriedenheit" des Kapitäns Johann Friedrich Berndt, „Die
Liebe" von J. Fr. Langhoff und „Der Patriot" von Carl Schröder
waren in den ostindischen Gewässern ebenso bekannt wie in den
Häfen von Afrika, Südamerika und Australien. Ja, es gab Zeiten,
in denen durchschnittlich vierzehn Kauffahrteischiffe auf den Wolgaster Werften gleichzeitig erbaut wurden.

Die Bürger der jungen Swinestadt konnten es sich leisten, den
ersten seminaristisch gebildeten Lehrer anzustellen, damit er ihren
Kindern Französisch und Astronomie, die griechische Götterlehre
und höhere Mathematik lehre. Dabei konnten diese noch nicht einmal richtig Deutsch lesen und schreiben.

Um die Volksbildung auch unter der Landbevölkerung zu heben,
empfahl Friedrich II. seine alten Korporäle, die zur Soldaten-
schinderei nicht mehr tauglich waren, als Schulmeister und Küster,
Leichenbitter und Kuhlegräber. Ihre Amtskollegen im Schuldienst
waren biedere Handwerker: Pantoffelmacher, Schäfer oder, wie in
Zinnowitz, Schneider, die in Ermangelung geeigneter Schullokale
von einem Haus, von einem Dorf ins andere wanderten. Kein

Wunder, daß es unter solchen Verhältnissen trotz des General-Schul-Reglements von 1763 noch 1813 auf der Insel viele Orts-schulzen gab, die nicht einmal ihren Namen schreiben konnten.

Nicht besser war in der Preußenzeit die Lage der Geistlichen, die, statt Gottesdienst zu halten, von der Kanzel herab königliche Anordnungen verlesen mußten. Ihnen oblag es, die Hebungslisten für das friderizianische Heer zu führen und endlose statistische Tabellen aufzustellen. So war die Geistlichkeit zum „Mädchen für alles" geworden, zu deren Aufgaben das Segelwirken ebenso gehörte wie die Einführung und Überwachung der Seidenraupen-zucht und des Kartoffelanbaus. Übrigens vollzog sich die Einfüh-rung des Kartoffelanbaus nur zögernd, da sich unter den Bauern die Mär verbreitet hatte, daß der Kartoffelgenuß mit unaus-bleiblicher Vermehrung des Familienzuwachses verbunden sei. Erst die Hungersnot von 1770 bewirkte ihren vermehrten Anbau. Kurz danach entstand in Pudagla die erste Schnapsbrennerei auf der Insel. —

Auch in Mellenthin breitete sich zur Zopfzeit das Preußentum aus. Nur ehrgeizige Gedanken an Herrschaft, Macht und Krieg vermochten hinter den dicken Mauern, hinter denen sich die bar-barischen Privilegien und Leidenschaften der Feudalherren ver-schanzt hielten, zu atmen.

Merkwürdigerweise ist die Erinnerung an die „Schwedenzeit", obwohl diese mehr als zwei Jahrhunderte zurückliegt und kaum zwei Menschenalter währte, im Volke lebendig geblieben. Sie umgibt die zerfallenen quadratischen Schwedenschanzen und formt sich zur Sage dort, wo auf stillen Friedhöfen, wie in Krummin, noch immer über längst eingefallenen Hügeln schlichte Grab-kreuze mit den Namen schwedischer Offiziere stehen.

Zu Festzeiten aber, wenn im Krug Fiedel und Trompete und das alte verstimmte Klavier Fischern und Bauern zum Tanz aufspie-len, dann erklingt wie ehemals die Schwedenquadrille mit ihren neckisch-graziösen Vorschlägen, den verspielten Schleifern und dem schwungvollen Trio. Statt der Noten liegen die alten „Touren-bücher" auf dem Pult, die der grauhaarige Enkel vom Groß-vater ererbte. Von dieser Tradition genährt, mag es nicht wunders erscheinen, daß in jenen ereignisreichen Apriltagen des Jahres 1945, als die Brände von Sczeczin den Himmel nächtelang mit roter Lohe überzogen, auf Usedom so mancher Alte sprach: „Paßt auf, wir werden wieder schwedisch!"

Doch das Alte wiederholt sich nicht, kann sich nicht wiederholen, weil die gesellschaftliche Entwicklung kraftvoll und ungestüm weiterschreitet. Diese Erkenntnis bestätigte sich mir von neuem bei meinem Besuch in Mellenthin. Darüber unterhielt ich mich mit dem Lehrer des Dorfes, der mich zur Haltestelle des Omnibusses brachte. Der Blick, der über die fruchtschweren Felder schweifte, fand für jedes Wort, das über Vergangenheit und Zukunft Mellenthins gesprochen wurde, einen anschaulichen Beweis.

Aus gärender Zeit

Es wäre ungerecht, in einem Heimatbuch der Insel Usedom nur Mellenthin, das alte „Uznam" und das junge Swinoujscie als Beispiele gestaltgewordener Geschichte anzuführen. Nicht weniger bedeutend, reich an revolutionären Traditionen und noch sichtbarer Vergangenheit und Gegenwart in sich vereinigend ist Wolgast. Als Tor zur Insel Usedom ist es allsommerlich Reiseziel Zehntausender erwartungsfroher Menschen, und von Mai bis Ende September herrscht in dem kleinen Hafenbahnhof beängstigender Großstadtbetrieb. Freilich haben es die meisten Sommergäste, die hier dem Zug entsteigen, eilig, über die Bäderbrücke nach Wolgast-Fähre hinüber zu hasten, um möglichst noch vor den gepäckbeladenen Hundekarren auf dem noch kleineren Inselbahnhof einzutreffen. Aber es lohnt sich, schon hier ein wenig zu verweilen und sich mit offenen Augen umzuschauen.

Immer wieder, wenn ich durch die alten Straßen und verwinkelten Gassen von Wolgast gehe, bin ich versucht, die leidgeprüfte Stadt mit Greifswald und Stralsund, mit Rostock und Wismar, aber auch mit Nürnberg, ja selbst mit Krakow (Krakau) zu vergleichen. Sie alle zeugen für den Bürgerstolz vergangener Zeiten.

Obwohl der größte Teil der alten Schönheit in Trümmer gesunken ist, so findet sich doch noch manches Schöne an alten Giebelhäusern und in den romantischen Winkeln stiller Gassen. Selbst das Unscheinbarste enthält ein gut Teil alter, oft nicht mehr verstandener Volksüberlieferung. Dort ist es ein kunstvoller

Türbeschlag oder ein eigenwilliges Wirtshausschild, anderswo ein reichverzierter Türklopfer oder auch nur ein einfacher Straßenname, die uns über ihre Herkunft nachdenken lassen. In den Wandmalereien der St. Petrikirche und dem laubenartigen Vorbau des Rathauses tritt uns ein Stück Mittelalter entgegen. Nicht weniger sehenswert ist die St. Gertrudskapelle mit ihrem von einer einzigen Säule palmblattartig ausstrahlenden Sterngewölbe. Zuweilen begegnet man auch einem Überrest der alten Stadtmauer. An das stolze Renaissanceschloß der Greifenherzöge erinnert freilich nur noch der Name des Schloßplatzes.

So oft ich nach Wolgast komme, zieht es mich in den Hafen, wo im Schatten der mächtigen Speicher mit ihren breiten Fronten die Boote der Fischer, Lastkähne und neuerbaute Fischlogger vertäut liegen. Der Wolgaster Hafen spielt in der Geschichte der Peenestadt eine besondere Rolle. Vom Hafen aus zog nicht nur der Wohlstand in die Bürgerhäuser, sondern von hier aus wehte auch im zu Ende gehenden 18. Jahrhundert der Feueratem der Französischen Revolution in die Stadt. Matrosen der hier vor Anker liegenden Schiffe stürzten 1796 mit ihren kräftigen Fäusten den Pranger und entthronten damit das Symbol der mittelalterlichen Gerichtsbarkeit. Um den Vorrechten des Adels und der Geistlichkeit und damit der feudalen Gesellschaftsordnung nach tausendjähriger Herrschaft ein Ende zu bereiten, erhoben sich damals auch die Wolgaster Bürger.

Den unmittelbaren Anlaß hierzu gab eine Teuerung des Brotgetreides. Während zahlreiche kleine Handwerker, Fischer und Büdner mit ihren Familien hungerten, feierten die Honoratioren der Stadt im Rathaus rauschende Feste. Unter Führung der Schützengilde versammelte sich das empörte Volk auf dem Marktplatz, dessen alter Brunnen mit seinem reichen historischen Bildschmuck die Bewunderung aller Durchreisenden und Besucher der Stadt erweckt. In Sprechchören und unter Androhung von Waffengewalt forderten die Wolgaster billiges Brot für alle Armen. Erst dem in Eile herbeigerufenen Stralsunder Militär gelang es, den Aufstand blutig niederzuschlagen und die Anführer zu verhaften.

So wie in Wolgast versuchten überall in Europa die fürstlichen Regenten die freiheitlichen Bewegungen des fortschrittlichen Bürgertums im Keime zu ersticken.

An der Spitze der europäischen Konterrevolution marschierte das Preußen Wilhelms II. gegen Frankreich. Gleichzeitig sicherte es

sich im Osten durch Abmachungen mit dem zaristischen Rußland große Gebietsansprüche auf Polen, die zum Teil erst heute durch die Festlegung der Oder-Neiße-Friedensgrenze wieder gutgemacht werden konnten. Preußen, das Napoleon Bonaparte den Aufstieg zum politischen und militärischen Diktator Frankreichs ermöglichte, erwies sich selbst damit den schlechtesten Dienst.

Der von Napoleon 1806 ins Leben gerufene antinationale „Rheinbund" besiegelte den Untergang des alten Deutschen Reiches. Mit der Niederlage Preußens in der Doppelschlacht bei Jena und Auerstädt, am 14. Oktober des gleichen Jahres, war auch der altpreußische Staat zertrümmert.

Auf der Flucht vor den französischen Verfolgern wälzten sich die geschlagenen Armeen der Preußen und Österreicher nach Norddeutschland. Und hier in Wolgast, Usedom und Swinoujscie, wo das Meer den Fluchtweg verstellte, staute sich der Strom der Flüchtlinge. Unter ihnen befand sich der Turnvater Friedrich Ludwig Jahn, dem in Sorge um die Zukunft der Nation als 29jährigem über Nacht die Haare ergrauten. Anfang November erreichten die Franzosen unter Führung des Generals Bertrand Wolgast und die Insel Usedom. Bereitwilligst öffneten ihnen die junkerlichen Kommandanten die Festungstore, gaben den französischem Eroberern das Land bis zur Weichsel kampflos preis und offenbarten ihre feige, verräterische Gesinnung, indem sie dem verhaßten Korsen den Treueid schworen.

Nach dem Frieden von Tilsit, den Preußen mit der Hälfte seines Landbesitzes bezahlen mußte, sah Wolgast Blücher, als „Marschall Vorwärts" vom Volk stürmisch umjubelt, mit seinen Truppen in ihren Mauern. Ihm folgte der junge, ungestüme Schill mit seinem Freikorps. Später, im April 1808, inspizierte der französische Marschall Soult, Napoleons erster Stratege, in Begleitung zahlreicher Generäle und Offiziere Usedom. Die fünfjährige Franzosenzeit kam der Wolgaster und Usedomer Bevölkerung teuer zu stehen. Allein das Amt Pudagla berechnete die Kriegsschäden auf 204 412 Taler.

In den folgenden kurzen Friedensjahren begannen sich auf Usedom die preußischen Reformen auszuwirken, als deren Schöpfer Freiherr vom und zum Stein anzusprechen ist. Stein, der auch einen Plan zur Verbesserung der versandeten Hafenanlagen von Swinoujscie entwarf, war ein furchtloser Kämpfer gegen die verrottete Staatswirtschaft der Preußen, dem besonders das Wohl der Bauern am Herzen lag. In seiner Eigenschaft als Innenminister erließ Stein am 9. Oktober 1807 den als „Oktoberedikt" berühmt gewordenen Erlaß über die Aufhebung der Erbuntertänigkeit und Leibeigenschaft der Bauern. Dieses Gesetz sah vor, daß es vom Martinitag des Jahres 1810 nur noch freie Bauern in Preußen geben sollte. Seine nächste Maßnahme war das Gesetz über die Selbstverwaltung der Städte und die Schaffung eines Parlaments zur Mitwirkung des Volkes an der Staatsführung.

Der aus „Viertelsherren" gebildete Usedomer Magistrat war sich in einem Beschluß noch nie so einig gewesen wie in der Ablehnung der neuen Städteverordnung, „die nicht nur die bisherigen, durch Jahrhunderte erworbenen ... Gerechtigkeiten der Magistratspersonen zerstört, sondern sie auch der Herrschaft des Pöbels preisgibt, da es in der ganzen Stadt gar nicht zwölf vernünftige Männer gibt, die sich zu Stadtverordneten eignen!" Ängstlich darauf bedacht, die Vorrechte der Altbürger zu erhalten und nicht durch den Zuzug neuer Bürger zu schmälern, beschlossen die Stadtverordneten schon 1810 die Aufnahme in die Stadt zu versagen:

1. für Handwerker, wenn es schon entsprechende Zünfte in der Stadt gab,
2. wegen hohen Alters,
3. wegen vieler Kinder,
4. wegen arbeitsunfähiger Eltern,
5. wegen liederlichen Lebenswandels,
6. wegen *Später-Eintreten-Könnens der Armut,*
7. wegen zu *geringen* Vermögens oder Einkommens (denn solche Leute sind zu weiter nichts nütze, als daß sie Wald und Heide ruinieren und hernach Stadtarme werden),
8. wegen Proben schlechter Gesinnung,
9. wegen anderer wichtiger Ursachen.

Diese Verordnung, nach ihrem Erfinder das „Tews'sche Rezept", genannt, blieb in seinen hauptsächlichsten Punkten bis 1867 in Kraft.

Wie der Usedomer Magistrat versuchte auch der junkerliche Adel Steins Verfügungen zu umgehen. Der Bauer erhielt zwar die Freiheit der Person teilweise zurück, blieb aber mit allen dinglichen Lasten bepackt. Dort, wo die persönlichen Hand- und Gespanndienste gelockert wurden, traten größere Natural- und Geldentschädigungen an ihre Stelle. In Grüssow unterhielt ich mich mit einem alten Bauern, der sich noch gut der Zeit erinnern kann, da sein Vater am Sonntagabend mit den Quilitzer Bauern sich auf den Weg nach Pudagla machte, um die dortigen Felder des Gutsherren zu bestellen. Erst Sonnabend abends kehrten sie in ihre Heimatdörfer zurück.

Um „den Betrieb der Staatsdomänen und der Junkergüter auf kapitalistische Füße zu stellen", wie Mehring sagt, und solcherweise den erschöpften Staatssäckel neu zu füllen, ließ der König zahlreiche Domänen verkaufen. Auf Usedom traf dieses Schicksal Morgenitz, Katschow, Loddin und Zinnowitz.

Zinnowitz kaufte der Senator und spätere Geheime Kommerzienrat F. W. Krause, einer der wenigen, die in den Jahren des Krieges, der manchem kleinen Büdner oder Fischer das Letzte nahm, ein großes Vermögen erwarb. Von 1790 bis 1816 ließ Krause 86 Seeschiffe in Swinoujscie vom Stapel laufen, die ihn zum reichsten Mann der Insel machten. Für die 1784 Morgen Acker- und Weideland, die Zinnowitz damals besaß, für das gesamte Fischerei- und Jagdrecht und die Hand- und Spanndienste der Kossäthen bezahlte er 14 300 Taler in Staatspapieren, deren realer Wert jedoch kaum 7000 Taler betrug.

Sechs Jahre später verschacherte Krause die „Zinnowitzer Sandbüchse", wie der Volksmund den unfruchtbaren Boden nannte, mit zweihundert Prozent Gewinn an 29 Bauern, die sich so ihrer Erbuntertänigkeit zu entledigen hofften. Ihre Nachkommen, darunter die Labahns, Wolffs, Steffens und Brehmers, leben noch heute in Zinnowitz. Die Grundstücksspekulationen Krauses sind ein treffendes Beispiel dafür, auf welche Weise die preußischen Junker Steins großzügiges Oktoberedikt zu ihrem Vorteil auslegten.

Das Rad der Geschichte ließ sich jedoch nicht rückwärts drehen. In Petersburg bildete der tatkräftige Freiherr vom und zum Stein, unterstützt von dem von Rügen stammenden Ernst Moritz Arndt, ein „Deutsches Komitee" und bereitete den Befreiungskrieg Deutschlands gegen den napoleonischen Unterdrücker vor. Die große, die gärende Zeit begann. Zwei Monate später traf Stein als Gouverneur in Königsberg ein und organisierte die allgemeine Volksbewaffnung und die Aufstellung der Landwehr.

Auch auf Usedom jubelte die Bevölkerung Stein als dem nationalen Befreier zu und eilte freiwillig zu den Waffen. Einer der ersten Kommandanten der hier gebildeten Landsturmabteilungen, in deren Reihen fast jeder achte Einwohner der Insel, ganz gleich ob

Fischer oder Bauer, diente, war der Pudaglaer Amtsmann Leppin. In allen Dörfern verteilten die Schulzen Instruktionen, wie man sich im Ernstfalle dem Feinde gegenüber zu verhalten habe. Darin hieß es u. a.: „Kommt der Feind heran, so ist das Mehl zuerst fortzuschaffen oder zu verderben; Wein, Bier usw. lasse man auslaufen; Brunnen werden verschüttet, Mühlen verbrannt, Getreide auf dem Halm zertreten, Obst abgeschlagen, Brücken gesprengt, Kähne versenkt."

Diese Anordnungen, erfüllt vom Ernst der Zeit, zeigen, daß das Volk nicht gewillt war, sich abermals — wie nach der verlorenen Doppelschlacht von Jena und Auerstädt — schröpfen zu lassen. Seite an Seite mit den russischen Verbündeten, die Swinoujscie als Umschlaghafen für ihre umfangreichen Armeelieferungen benutzten, kämpfte der Usedomer Landsturm in der Völkerschlacht bei Leipzig und vor Paris gegen den französischen Diktator. Einer der tapfersten Soldaten war ein Schäferknecht aus Lütow, der mit zehn Mann bei Bautzen eine feuernde französische Kanone eroberte. In den Kirchen von Mellenthin, Krummin und Garz erinnern noch heute Gedenktafeln an jene große Zeit.

Während in den Vormärztagen des 19. Jahrhunderts die revolutionären Bewegungen überall in Europa erneut auflebten, brachten die unter Metternichs Leitung auf dem Wiener Kongreß gefaßten Beschlüsse das Feuer der patriotischen Freiheitsbewegung auf Usedom schnell zum Erlöschen.

Als die Peene ihren Grenzcharakter verloren und Wolgast, Greifswald und andere bedeutende Städte des Usedomer Hinterlandes wieder preußisch geworden waren, wurde auch das friderizianische Erbe wieder lebendig. Der Alpdruck des Absolutismus lastete auf allem wirklichen Leben und geistigen Streben.

Das Bauernlegen lebte wieder auf und die Mellenthiner Bauern protestierten vergebens gegen den tyrannischen Gutsbesitzer. Zu der politischen Misere gesellte sich eine wirtschaftliche Krise, die Handel und Wandel zum Erliegen brachte. Der Preis für das Wall Fische zu 80 Stück fiel bis auf 6 Silberpfennige, und trotzdem waren sie kaum abzusetzen und mußten an die Schweine verfüttert oder in die Äcker verscharrt werden. Um das Unglück vollständig zu machen, wütete 1831 wieder einmal die Cholera auf der Insel. Wie in finstersten Zeiten des Mittelalters schlichen die Ärzte in ihrem unheimlichen Pestkostüm: in Mänteln aus schwarzem Wachstaft und ebensolchen Kappen mit großen Augengläsern, im Land umher.

Nicht anders war es um die Rechtspflege der so häufig gepriesenen Zeit des Biedermeiers bestellt. In Swinoujscie wurde ein Ehepaar des Mordes an einer „Hökerwitwe" beschuldigt und unter gewaltigem Zulauf der Bevölkerung öffentlich gerädert.

Der Chronist weiß noch eine andere bezeichnende Geschichte aus jener Zeit zu berichten. 1837 saßen im Kriminal-Gefängnis auf dem Anklamer Tor in Usedom zwei Mörder namens Schly und Will. Der eine, ein Weber von der Wolgaster Fähre, hatte seinen alten Vater vergiftet, der andere, ein Schäferknecht, einen Raubmord in Lassan verübt. Der Gefangenenwärter Altenkirch und seine Ehefrau schickten die beiden Häftlinge zur Nachtzeit in die Umgebung auf Beute aus, versorgten sie zu diesem Zweck mit dem nötigen „Handwerkszeug" und verzehrten dann mit ihnen gemeinsam die geraubten Schinken und Würste. Das ging so lange, bis eines Tages die resolute Pastorin zu Netzelkow die beiden Spitzbuben mit Hilfe einiger Gemeindemitglieder auf frischer Tat ertappte und festnehmen ließ. Auf dem Transport über das Eis des Achterwassers mußten die Mörder die beiden mitgeschickten Begleiter im Schlitten nach Usedom ziehen. In solchem Aufzug gelangten sie vor das Haus des erstaunten Richters. Obwohl die beiden Mörder sofort in Eisen auf den Turm gelegt und unter vertrauenswürdigere Aufsicht gestellt wurden, gelang es ihnen nach kurzer Zeit zu entfliehen, und der Landsturm nahm vergeblich ihre Verfolgung auf. Wolgaster Schiffer behaupteten, Schly später im Hafen von Livorno in Italien gesehen zu haben.

Zu alldem kam hinzu, daß das Jahr 1847 für Usedom große Hungersnot brachte. Obwohl der Bauer nur sechs Groschen am Tage verdiente, stiegen die Lebensmittelpreise sprunghaft in die Höhe. Ein Scheffel Roggen kostete 4½, ein Scheffel Kartoffeln 2 Taler. Der Preis für Erbsen stieg um das Dreifache. Auf den Wochenmärkten von Wolgast, Usedom und Swinoujscie kam es immer häufiger zu Tumulten. Während die Obrigkeit den Fischern und Bauern empfahl, ein „nahrhaftes und schmackhaftes Brot aus Queckenwurzeln" zu backen, becherten die Kaufleute und Bürger unbesorgt „Franzwein" und „Pontack", und die Töchter der Vornehmen ritten auf Oelländer-Ponnys durch die Stadt spazieren.

Kein Wunder, wenn am hellichten Tage ein armer Usedomer mit angezündeter Laterne in der ausgestreckten Hand auf den Marktplatz trat, und, nach seinem Treiben befragt, antwortete: „Ich suche die Gerechtigkeit!" Nicht nur gegen die Kaufleute und den Adel, sondern auch gegen die Geistlichkeit, an die noch immer beträchtliche Naturalabgaben zu entrichten waren, richtete sich der Volkszorn.

Als in dieser Situation die Kunde von den Berliner Barrikadenkämpfen auf der Insel eintraf, bildeten sich überall schnell zwei Parteien: die Anhänger des Königs, die Konservativen, und die Anhänger der Nationalversammlung, die bürgerlichen Demokraten. Vergebens bemühte sich der König durch den gegen Dänemark vom Zaune gebrochenen Krieg das Volk von seinen gerechten Forderungen abzulenken. Die von den Dänen durchgeführte Blockade der Insel, die den gesamten Fischfang zum Erliegen brachte, versteifte nur den Unwillen des Volkes.

Im Krug von Koserow versammelte der ehemalige Domänenpächter Schmidt aus Mölschow, der schon am badischen Aufstand teilgenommen hatte und sich nun als Agitator an die Spitze der revolutionären bürgerlichen Demokraten stellte, die Fischer und Büdner aus Zinnowitz und Bansin, Ahlbeck und Ückeritz. Auch andererorts, so auf dem Glaubensberge bei Pudagla, fanden große Volksversammlungen statt. Eine von Schmidt verfaßte und an den Landwirtschaftsminister abgesandte Petition, in der man die Milderung der Steuerlasten, die Fürsorge für alte, arbeitslose und verunglückte Arbeiter, die Trennung von Kirche und Schule und die Bodenreform forderte, unterzeichneten mehr als 1100 Bürger. In der Stadt Usedom selbst protestierten Bürger und Bauern gemeinsam gegen die ungerechte Verteilung der Äcker und Abgaben durch eine sogenannte „General-Kommission". Hier stellte sich der Magistrat an die Spitze der Reichen. Er machte seinen Einfluß in der Kommission geltend und suchte sich durch Bestechung der Regierungskommissare auf Kosten der Armen zu bereichern. Es kam daher zu regelrechten Aufständen.

Wie ein halbes Jahrhundert vorher in Wolgast erstürmten die erbitterten Bürger das Rathaus, nahmen dem Bürgermeister Lange Siegel und Schlüssel ab und setzten ihn in einer Zelle des Anklamer Tores gefangen. Obwohl schon wenige Tage später Militär in die Stadt einrückte, um die alten Zustände wieder herzustellen, ließen sich die sonst so friedfertigen Usedomer Bürger nicht einschüchtern. Sie verweigerten den Soldaten die Quartiere, sprengten die Ratsversammlung, demonstrierten in den Straßen und verwüsteten die Felder der bevorzugten Reichen. Als man ihre Anführer, den kräftigen Nagelschmied Vossberg, den landlosen Schuhmachermeister Bode und den Kaufmann Benter verhaftete, verhinderten die empörten Bürger mit Waffengewalt deren Weitertransport nach Anklam und Swinoujscie.

Ablösung und Beseitigung des Domänenzinses, der Grundgelder, des Schutzgeldes und des Bienenzehnten und Abschaffung des Hanf-, Spinn- und Hühnergeldes forderten auch die Bauern von Ahlbeck und Zinnowitz. Nicht immer waren ihre Forderungen von Erfolg gekrönt. Besonders hart traf die Ablösung der alten Fronden die Bauern von Dewichow. Da es ihnen ebensowenig wie den Ahlbeckern gelang, das erforderliche Geld dafür aufzubringen, mußten sie dem Adel ihre Äcker in Zahlung geben. So verwandelte sich das ehemalige Bauerndorf zu einem großen Rittergut, neben dem nur noch zwei Wirtschaften bestehen konnten. Die anderen Bauern, die sich wohl die Freiheit erkauft, ihren Besitz aber verloren hatten, mußten nach Balm übersiedeln.

Noch andere Forderungen vermochten die Usedomer im Revolutionsjahr 1848 durchzusetzen, so die Jagdfreiheit, die Freiheit der Presse und die Volksbewaffnung. Innerhalb weniger Tage bildeten sich überall auf der Insel Bürgerwehren, um die neuerworbenen Rechte zu verteidigen. Nur auf den Mellenthinschen Gütern und auf den Besitzungen der Lepels auf dem Gnitz blieb alles beim alten. Unter dem Druck des Volkes sah sich die Obrigkeit gezwungen, auch eine Änderung der Rechtsverhältnisse herbeizuführen. Die standesherrliche, städtische und patrimoniale Gerichtsbarkeit jeder Art wurde ohne Entschädigung aufgehoben und staatlichen Behörden übertragen, die Prügelstrafe, die sich bis dahin noch immer neben Geld- und Kirchenbußen erhalten hatte, abgeschafft.

Bis in unsere Tage herüber klingt das Lied der Usedomer Revolutionäre:

> Der Hahn, der kräht des Morgens schon:
> Bei Hofe ist viel Reaktion —
> Der Zugochs hat ein dickes Fell.
> Ein Zopf vergehet niemals schnell ...

Vom „Wigwam" zum „Kaiserhof"

Still und eigenartig schön ist es am herbstlichen Strand, wenn die letzten Badegäste mit den ungeduldig südwärts drängenden Zugvögeln die Insel verlassen haben und die Tage kürzer und sonnenärmer werden. In der gleichen herben, unvergeßlichen Schönheit zeigt sich das Frühjahr. Noch halten die bunten Strandkörbe in den brettergeschützten Veranden der großen Kurhäuser ihren wohlverdienten Winterschlaf, und nur die stillgeordnete Geschäftigkeit der Fischer belebt hier und da das Bild des Strandes.

An solchen Tagen ist es, als schlügen die Wellen des Meeres näher und beredter als im Sommer an das Ufer, und aus übervollem Herzen rufen wir mit Heinrich Heine dem Meere zu: „Thalatta! Thalatta! Sei mir gegrüßt, du ewiges Meer! Sei mir gegrüßt zehntausendmal!"

Zugleich aber drängt sich die Frage auf: Wer mögen jene ersten Gäste gewesen sein, die vor hundert und mehr Jahren am stillen Strand, wie er sich uns Heutigen nur noch in der Zeit des welken Laubes zeigt, ihre Hütten errichteten? Keine Chronik nennt uns ihre Namen, und kein Historiker vermag zu ergründen, ob es Wenden oder Deutsche, Heiden oder Christen, übermütige Herzöge oder am Strande biwakierende Soldaten waren.

Erst seit dem beginnenden 19. Jahrhundert spiegelt sich auf Usedom in der Entwicklung des Badewesens der bewegte Abglanz der Geschichte.

Obwohl die Seebäder ihres Salzgehaltes wegen den Mineralbädern gleichen und sie in ihrer medizinischen Wirksamkeit durch den Wellenschlag, das Einatmen der frischen Seeluft, das Klima und die Luftwirkung bei weitem übertreffen, bedurfte es zu ihrer Einführung in Deutschland erst der Fanfarenstöße der Französischen Revolution, mit denen das Zeitalter der Aufklärung begann.

Englische und französische Vorbilder mögen es gewesen sein, die 1793 bei der Errichtung des ersten deutschen Ostseebades in Doberan Pate standen, von wo aus kein Geringerer als Blücher, der schon grauhaarige Marschall Vorwärts der deutschen Befreiungskriege, die Sitte, in offener See zu baden, nach Pommern brachte. Doch als sich um 1814 Swinemünder am hellen Tage ins Wasser wagten, schüttelten die erstaunten Fischer entsetzt ihre Köpfe. Bis heute sind die Fischer, so unglaublich es klingen mag, schlechte Schwimmer geblieben. Damals jedoch überlegte der weise Magistrat ernsthaft, ob er die Badenden ins Irrenhaus oder ins Gefängnis sperren sollte. Nicht besser erging es der Tochter eines preußischen Forstmeisters, die 1836 am Strand von Zinnowitz ein Bad nehmen wollte. Entsetzt wurde sie von ihren Begleiterinnen gewarnt: „In dat kolle Wader is noch keen Minsch ohn Tüg rin gahn, Se holn sich denn Dod!" Daß darauf das Mädchen schlagfertig erwidert haben soll: „Oder die ewige Jugend!" mag wohl eher Fabel oder Erfindung einer ideenreichen Badedirektion sein.

Erst als 1816 der „hochadlige" Fürst von Putbus bei Lauterbach auf Rügen ein Seebad eröffnete, um seine erschöpfte Privatschatulle zu füllen, schien der Bann gebrochen. Die zu Beginn des 19. Jahrhunderts auf Usedom herrschende wirtschaftliche Notlage beschleunigte ebenso wie der preußische Ehrgeiz, ein eigenes Seebad zu besitzen — Rügen galt vorerst noch als schwedisch — die Entwicklung des Badewesens. —

1824 eröffnete Swinoujscie den Badebetrieb und gab damit den übrigen Küstenorten auf Usedom ein nachahmenswertes Beispiel. Schon kurz darauf regte es sich in dem kleinen Dörfchen bei Neukrug, wo einst der „nige Krug" der Pudaglaer Mönche stand, um armen Leuten, „die da wandern und wanken und Not leiden um Herberge willen", ein Dach über dem Kopf zu geben.

Der Oberforstmeister Bülow, der 1817 beim Konkurs der Mellenthinschen Besitzungen das Rittergut Gothen erwarb, zu dem die Dünen und der Strand von Heringsdorf gehörten, und der Geheime Kommerzienrat Hugo Delbrück, dessen Denkmal noch heute unter schattigen, alten Bäumen auf der Heringsdorfer Promenade

steht, verstanden sich nicht schlechter als die geldliebenden Mönche auf die Erschließung gewinnbringender Kapitalanlagen. Von ihren reichen Berliner Freunden tatkräftig unterstützt, ließen sie bereits 1824 die erste Badeanstalt und die dazugehörigen Logierhäuser erbauen.

Über ein Jahrhundert bestimmte die soziale Herkunft der Gründer des Seebades Heringsdorf die Struktur seiner Gäste. In den Spielkasinos und Salons, auf den Promenaden und Rennplätzen gaben sich die Spitzen der Aristokratie, deutsche, österreichisch-ungarische und polnische Großgrundbesitzer, amerikanische und französische Börsenjobber und Filmgewaltige ein Stelldichein. In den Kurlisten waren Namen wie die einer Fürstin von Liegnitz, eines Generals Fürst Radziwill oder eines Gesandten von Bolivien nichts Ungewöhnliches. Ihren Kreisen entstammten auch die Aktionäre der von Delbrück gegründeten „Aktiengesellschaft Seebad Heringsdorf", die bis in die Inflationsjahre bestand und an ihre Mitglieder alljährlich reiche Dividenden ausschüttete.

Um den Ansprüchen und dem Geltungsbedürfnis einer solch „noblen" Gesellschaft gerecht zu werden, sah sich die Badedirektion 1860 veranlaßt, das Badepersonal wie fürstliche Lakaien zu uniformieren. Im blauweiß gestreiften Hemd, das in einer langen blauen Hose steckte, einen breitkrempigen Strohhut mit schwarzer Schleife auf dem Kopfe, halfen die Badediener den Gästen beim Aus- und Ankleiden und hielten ihnen für einen Tarif von 6 Pfennigen das Badetuch bereit. Die Badefrauen trugen „weite

Beinkleider" mit einer enganliegenden Tunika darüber, beides aus weißem wollenen Zeug mit roten Streifen besetzt. Die Uniform der „Bademeisterin" war mit grünem Bordenbesatz verziert. Für einen Silbergroschen begleitete sie die vornehmen Badegäste vom Badehaus aus über die glitschigen, kleinen hölzernen Treppen zu einem in die See gespannten Laufseil ins Wasser.

Nachmittags nach vier Uhr, wenn die Damen mit Federhüten, geblümtem Sonnenschirm und langen Röcken, die Herren mit Stock und steifem Hut wie aus einem Bild Boudins, des französischen Malers der Strandszenen, herausgestiegen, über die Promenaden spazierten, war es dem Dienstpersonal erlaubt, ebenfalls ein Bad zu nehmen. Selbstverständlich nur, wenn sie nicht anderweitig benötigt wurden, und gegen Entrichtung der tariflich festgesetzten Gebühren. Dann herrschte unter den herrschaftlichen Kutschern, Hausdienern und Kammerzofen ein fröhlicheres Treiben am Strand als in den Vormittagsstunden, und der alte Bademeister Priewe strich sich schmunzelnd seinen Kaiser-Wilhelm-Bart. Vom alten Priewe erzählt man sich in Heringsdorf folgendes kleine Geschichtchen:

An einem Sommertag des Jahres 1892 läutete die Notglocke neben dem Badehaus Sturm. Im Nu bildeten sich überall Gruppen aufgeregter Menschen, die auf die See hinauszeigten, wo ein Vorwitziger, weitab von den reichlich aufgestellten Warnungsschildern, verzweifelt mit den Wellen kämpfte.

„So'n Lümmel!" schimpfte Priewe und zerrte schwitzend das Rettungsboot ins Wasser. Doch bevor das Boot in Fahrt kam, hielt schon ein guter Schwimmer mit kräftigen Stößen auf den Ertrinkenden zu, um ihn im letzten Augenblick noch zu retten. Als der Gerettete, ein grauhaariger Alter, zu sich kam, bat er den alten Priewe, den Menschenauflauf am Strand sogleich zu zerstreuen und keinem der neugierigen Frager seinen Namen zu nennen.

Ein Mann, ein Wort! Priewe hat sein gegebenes Versprechen gehalten und seine Verschwiegenheit wurde reichlich belohnt. Alljährlich, zur Weihnachtszeit, brachte ihm der Postbote ein stattliches Geschenkpaket ins Haus. Später erst, nachdem der „übermütige Schwimmer" im Jahre 1903 als 96jähriger gestorben war, löste der Bademeister seine Zunge. Den er einen Lümmel gescholten hatte, war Professor Theodor Mommsen, der Nestor für römische Geschichte und Altertumswissenschaften an der Universität Berlin.

Delbrück, der Mitbegründer von Heringsdorf, erwarb auch, lange bevor jemand an ein „Seebad Bansin" dachte, große Teile des Dünengeländes zu dem Spottpreis von 10 Pfennig für einen Quadratmeter. Schon kurze Zeit später verdiente er an zwei Baustellen mehr, als ihn das Gesamtgrundstück gekostet hatte. Gleichzeitig mit zwei wagemutigen Einheimischen, die sich nicht davon abreden ließen, „auf Sand zu bauen", erbauten zwei Berliner, ein Handschuhfabrikant und ein Zahnarzt mit dem schönen Namen „Lustig", die ersten Häuser am Strand. Als 1897 Bansin in sechs Häusern den Badebetrieb eröffnete, hielt hier das gleiche Publikum wie im benachbarten Heringsdorf Einzug.

Wenn wir bedenken, daß diese Gäste an einem einzigen Tag oft mehr Geld verausgabten, als ein Arbeiter im ganzen Monat verdiente, und daß im Heringsdorfer Spielkasino Einsätze in der Höhe des Jahreseinkommens eines kleinen Angestellten durchaus kein Aufsehen erregten, wird es klar, daß ein Seeaufenthalt in damaligen Zeiten ein ausschließliches Vorrecht der „oberen Zehntausend" bildete.

Durch die Märzrevolution von 1848 bahnte sich auch hierin im gewissen Sinne eine Wandlung an; denn das Volk forderte mit Recht eine Verbesserung seiner sozialen Lage und Verhältnisse. Auf medizinischem Gebiete war es vor allen Rudolf Virchow, der vor Handwerkern und Bauarbeitern, in revolutionären Klubs und in den Spalten seiner Zeitschrift „Medizinische Reform" den Achtstundentag, Krankenkassen, Invalidenrente und Erholungsheime, freie Ärztewahl und vorbeugenden Gesundheitsschutz verlangte.

Seiner Zeit weit vorauseilend, schrieb er an den Kultusminister: „Unser Jahrhundert beginnt das soziale Zeitalter ... Schon hat die französische Revolution diesen Grundsatz in dem Motto der Brüderlichkeit anerkannt, und es scheint, als wolle sie trotz aller Stärke der alten Bourgeoisie sich anschicken, ihm durch den *Sozialismus* auch Verwirklichung zu verschaffen!" Durch Virchows Auftreten ermutigt, reichte 1845 ein Berliner Telegrafenbeamter König Wilhelm IV. den Entwurf zur Errichtung einer Armenbadeanstalt für Berliner Kranke und Rekonvaleszenten am Strand bei Ahlbeck ein und bat den König, zur Unterstützung des Unternehmens das erforderliche Grundstück und das Baumaterial aus dem Ahlbecker Forst zu bewilligen.

Weder der König, als Besitzer des Dorfes Ahlbeck-Königlich (er hatte eine alte Wassermühle angekauft, die den Wasserablauf vom Gothensee in die Ostsee behinderte, und vier Kolonisten angesiedelt, denen die Säuberung der Beek übertragen wurde; so war 1771 das Dorf entstanden) noch der Grundherr des Ortsteiles Ahlbeck-Adlig, billigten diesen Vorschlag. Im Gegenteil: weil der Oberforstmeister fürchtete, Fischer und Bauern könnten seine Waldungen durch „Holzdiebstahl und Wilddieberei" gefährden, war bis 1848 jede weitere Ansiedlung in Ahlbeck verboten.

Da aber der Vorschlag des Berliner Telegrafenbeamten den Beifall und die Unterstützung immer breiterer Bevölkerungskreise fand, schlug die Krone aus lokalen Gründen den Jordansee auf Wollin und später Zinnowitz zur Errichtung eines „Armenbades" vor, bis dieser Plan eines Tages an „finanziellen Schwierigkeiten" endgültig scheiterte. Ermutigt durch die Erfolge der Revolution ging das sich entwickelnde Bürgertum seine eigenen Wege. Nach eingehender Beratung beantragte im April 1851 der Gemeindevorstand von Zinnowitz den Badekonsens, der ihm am 26. Juni des gleichen Jahres vom Landratsamt in Swinoujscie erteilt wurde. Schon im nächsten Jahre trafen auch in Ahlbeck die ersten „offizziellen" Badegäste ein, und nach und nach begann sich ein Ort nach dem anderen an der Küste auszubreiten: 1858 Koserow, das ursprünglich ärmste Dorf der Insel, 1886 die Fischerkolonie Karlshagen, 1897 Bansin und Kölpinsee, 1903 Hammelstall, das spätere Trassenheide. Viele kleinere Orte, wie Ückeritz und Zempin, sind so unmerkbar in den Badeverkehr hineingewachsen, daß ein genauer Zeitpunkt nicht anzugeben ist.

Das sommerliche Strandleben vor zwei Menschenaltern bot ein ganz anderes Bild als heute. Als der Gutspächter Holtz aus Stolpe 1852 seine Kinder in Begleitung ihrer Erzieherin nach Ahlbeck schickte, gab er ihnen nicht nur die kompletten Betten und eine Fuhre Lebensmittel mit, sondern auch am Haff geschnittenes Rohr zum Bau einer Badehütte. Die Zinnowitzer Badegäste gaben ihrem ersten Logierhaus den bezeichnenden Namen „Wigwam", weil es eher einer Indianerhütte als einem Gasthaus glich.

Tatsächlich sind uns die Naturvölker, was das Baden anbelangt, ein großes Stück voraus. So gilt es, um nur ein Beispiel zu nennen, bei den Creek-Indianern und den Eingeborenen von Ponape seit altersher als selbstverständlich, zwei- oder dreimal am Tage zu baden. Wer dagegen verstößt, geht seiner gesellschaftlichen Stellung verloren und wird von der Gemeinschaft ausgestoßen.

Zaghafter vollzog sich bei uns diese Entwicklung. Erst in den 70er Jahren eroberten sich die an alte Pfahlbauten erinnernden Badeanstalten den Strand, die zum Schutz gegen unbefugte Zuschauer auf der Landseite mit hohen Bretterzäunen umgeben waren.

Zur festgesetzten Badezeit trennten sich die Geschlechter: gen Norden dem „Herren-Bad" entgegen wandelte alles Männliche, gen Süden, wo das „Damen-Bad" stand, alles, was weiblich war, um sittsam durch tausend Schritte getrennt und im züchtigen Badekostüm mit dreiviertellangen Hosenbeinen, Röckchen und Rüschchen ins Wasser zu steigen. Am Strand von Koserow kann man noch heutigentages das alte „Herren-Bad" bewundern, dessen morscher Unterbau sein ferneres museales Dasein allerdings recht begrenzt erscheinen läßt.

Als sich später das „Familienbad" als neutrale Zone zwischen die beiden Antipoden schob, bedeutete das schon einen großen Fortschritt. Wem käme dabei nicht abermals Heine in den Sinn, der in seinen „Reisebildern" von Norderney berichtet: „... deshalb sind auch die Badestellen beider Geschlechter voneinander geschieden, doch nicht allzuweit, und wer ein gutes Glas führt, kann überall in der Welt viel sehen. Es geht die Sage, ein neuer Aktäon habe auf solche Weise eine badende Diana erblickt, und wunderbar', nicht er, sondern der Gemahl der Schönen habe dadurch Hörner erworben." Vielleicht würde Heine, könnte er in unserer Zeit das paradiesische Badeleben an manchen Orten Usedoms beobachten, statt der griechischen Sage vom neugierigen Jägersmann das 1. Buch Mose, Kapitel 2, Vers 25 zitieren.

Die Entwicklung von Swinoujscie und Heringsdorf wurde dadurch begünstigt, daß sie schon seit 1826 regelmäßige Dampfschiffverbindungen besaßen und 1876 bzw. 1894 direkte Bahnverbindung nach Berlin erhielten. (Übrigens hatte man in den 60er Jahren ernsthaft erwogen, einen Bahndamm quer durch das Haff von Neuwarp nach Swinoujscie zu erbauen.) Umständlicher waren die Badeorte im Westteil der Insel zu erreichen. Die ungünstigen Verkehrsverhältnisse trugen nicht zuletzt Schuld daran, daß Koserow 1872, während alle anderen Bäder der Insel überfüllt waren, nur einen einzigen Badegast zählte.

Damals mögen sich auf dem kleinen Wolgaster Bahnhof und auf der im Volksmund „Arche Noah" genannten Wolgaster Fähre manch heitere Szenen zugetragen haben. Besonders fidel ging es am Wochenende zu, wenn die Ehemänner aus der näheren Umgebung (Sczeczin, Anklam, Ückermünde, Wolgast, Greifswald stellten für die kleineren Badeorte das Hauptkontingent der Badegäste) über Sonntag ihre Familien besuchen kamen.

Eine Wandlung wurde erst nach langwierigen Verhandlungen erzielt, die zeitweise in offene Streitigkeiten ausarteten, wie die „Gründerjahre" überhaupt reich an Konkurrenzkämpfen waren. So drohte z. B. der Grundherr von Heringsdorf 1850, den Badebetrieb durch Abholzen des Waldes stillzulegen, und nur die Zusicherung einer jährlichen Entschädigung von 500 Talern besänftigte ihn. Erst 1911 und entgegen dem Willen der feudalen Heringsdorfer Badegäste konnte die Verlängerung der Inselbahn bis Wolgaster Fähre durchgesetzt werden. Weil aber die Ruhe der Heringsdorfer nicht gestört und die Luft durch Kohlenstaub nicht verpestet werden durfte, beschreibt die Bahnlinie noch heute einen großen Bogen um den Badeort, und die Lokomotive muß hier jedesmal erst umrangiert werden, als befände man sich am Ende der Welt.

Der sich ständig steigernde Badeverkehr verwandelte um die Jahrhundertwende fast die ganze Seeküste Usedoms, vom Peenemünder Haken bis Ahlbeck, in eine einzige große Villenkolonie, während die alten Fischerdörfer, aus denen die Badeorte hervorgingen, weit versteckt hinter den Dünen oder an der schilfumstandenen Bucht des Achterwassers ihr verträumtes Dasein führen.

Zugleich mit den neuen Häuservierteln am Strand, mit den modern eingerichteten Gaststätten und Hotels entstanden neue Geschäfts- und Ladenstraßen. Bäcker, Schlächter, Schneider, Friseure, Schuhmacher und andere bemühten sich, für die Bequemlichkeit der Gäste zu sorgen. So stieg mit der Zahl der Badegäste die Zahl der Einwohner innerhalb von sechs Jahrzehnten in verschiedenen Orten um das Zwei- bis Achtfache. Die große wirtschaftliche Bedeutung des Badebetriebes zeigt sich auch darin, daß sich seit 1871 die Ausgaben des Kreises um das 250fache, die Steuereinnahmen von 13 000 Mark auf 298 000 Mark erhöhten. Der Reingewinn der Swinemünder Bank wuchs fast um das 100fache! Auch auf die Entwicklung der Landwirtschaft blieb das Badewesen nicht ohne Einfluß. Das Hinterland der Bäder-Küste wurde mehr und mehr für den Obst- und Gemüseanbau ausgenutzt, und die Vieh- und Geflügelzucht wurde günstig beeinflußt.

Weder der „Dänenkrieg" von 1864, in dessen Verlauf es zwischen deutschen Flottenteilen aus Swinoujscie und dänischen Kriegsschiffen in den Rügenschen Gewässern zu einem Seegefecht kam, noch die Kriege gegen Österreich (1866) und Frankreich (1870/71), die zahlreiche Usedomer unter die Waffen riefen und auch der Heimat ihre Lasten aufbürdeten, vermochten die ungestüm aufwärts strebende Bäderkurve abzubiegen. —

Wie sich die Gesichtszüge eines heranwachsenden, reifenden Menschen immer prägnanter gestalten und vertiefen, schuf sich im Verlauf seiner Entwicklung jedes einzelne Inselbad ein charakteristisches Gepräge.

In Zinnowitz, damals das „Bad der Deutschnationalen" genannt, in dem sich der Kronprinz von Preußen und der Markgraf von Meißen ebenso heimisch fühlten wie die Schundliteratin Courths-Mahler, die hier einen Teil ihrer zweihundert Romane schrieb, spielte die Kurkapelle zum Abschluß eines jeden Konzertes das berüchtigte Lied des Rassenhasses: „Fern bleib' der Itz von Zinnowitz...". Die Aktionäre von Heringsdorf, das als Luxusbad ersten Ranges galt, waren in dieser Hinsicht toleranter. Sie fragten nicht danach, welchem Glaubensbekenntnis ihre Badegäste huldigten. Doch Bansin legte besonderen Wert darauf, in den Badeprospekten und Reiseführern, wie wir im alten Grieben von 1926 nachlesen können, als „Deutsches Ostseebad" mit dem erklärenden Zusatz „christliche Häuser in bester Lage" geführt zu werden. Ahlbeck als „Bad des guten Mittelstandes" wurde bevorzugt von Berlinern besucht und kam so in den Ruf einer „Badewanne von Berlin". In Ückeritz, Zempin, Kölpinsee und Koserow vermochte sich das großstädtische Element nicht zu behaupten; hier herrschte von Anfang an ein zwangloserer, ruhigerer Betrieb, wie ihn das kleine Trassenheide und Stubbenfelde bis in unsere schnellebige Zeit hinein erhalten haben. Karlshagen, dessen Kurbetrieb durch den 2. Weltkrieg fast vollkommen zum Erliegen kam, bildete die Oase der Naturschwärmer und verträumten Künstler, die hier zur Sommerszeit ihre Laub- und Lufthütten aufschlugen.

Wem sich Gelegenheit bietet, in alten Kurlisten und Gästebüchern blättern zu können, oder wer unter der übertünchten Fassade der Kurhäuser ihren früheren Namen entdeckt, für den bedarf es zu diesem Kapitel keiner Illustrationen. Die Namen sprechen für sich. Da gab es in Ahlbeck die Hotels „Kurschloß", „Kaiserhof" und „Kronprinz", die Pensionen „Bismarck", „Hindenburg" und „Kaisereiche", und das große, protzige Haus mit den vielen hundert Betten am Strand von Heringsdorf, das in unserer Zeit als FDGB-Ferienzentrum „Solidarität" für die Bestarbeiter und Aktivisten in allen volksdemokratischen Ländern Begriff geworden ist, trug den feudal-aristokratischen Namen „Kurhaus-Kaiserhof-Atlantic". Doch die Tage derer, die hier schwelgten, waren schon gezählt. Wie an einem trocken-heißen Sommertag lauerte in den aufkommenden Wolken der Blitz, bereit, das Alte und Morsche zu vernichten, um dem Neuen Platz zu schaffen.

Lachend triumphiert das Leben

Im alten Stadtwald von Usedom, ein wenig abseits der nach Stolpe und Welzin führenden Straße, ist auf dem altehrwürdigen Waldfriedhof, der sein Entstehen einer Anordnung des Marschalls Soult aus der Franzosenzeit verdankt, aus gewaltigen Felsquadern ein großes Hünengrab errichtet. Dieses 18 m lange und 15 m breite Mauerwerk, an dessen Seitenflächen steinerne Tafeln mit den Namen von 85 im Krieg 1914/18 gefallenen Usedomer Soldaten aufgestellt sind, ist ein eindrucksvolles Mahnmal für den Frieden. Solchen Mahnmalen begegnen wir überall auf der Insel, in Zinnowitz und Trassenheide, Morgenitz, Mellenthin und Ückeritz, wo die Menschen die Rechnung des imperialistischen Raubkrieges mit dem Blut ihrer Väter und Söhne bezahlen mußten. —

Als in den Sommertagen des vierzehner Jahres die Kunde von den verhängnisvollen Schüssen auf das österreichische Thronfolgerpaar in Sarajevo, gefolgt von den Nachrichten über die österreichisch-ungarische Kriegserklärung an Serbien und die Mobilmachungen in Rußland und Frankreich auf der Insel eintrafen, als innerhalb weniger Stunden und Tage eine Hiobsbotschaft die andere jagte, räumten die Badegäste Hals über Kopf den Strand. Ende Juli, als der Postbote die Gestellungsbefehle in die stillgewordenen Häuser der Fischer und Bauern trug, hatten die letzten Urlauber die Insel längst verlassen. Das patriotische „Hurra" der ersten Kriegstage war eiskaltem Schweigen gewichen, das in den fragenden Augen der Kinder und auf den verhärmten Gesichtern der Mütter stand.

Die Usedomer wußten, was der Krieg für jeden einzelnen bedeutete. Mehr als einmal hatte er im Verlaufe der Geschichte den bescheidenen Wohlstand der Insel verzehrt und ihre Bewohner an den Rand des Ruins gebracht. Halbwüchsige und Frauen bestellten fortan die kargen Felder, während in den Dünen Soldaten schanzten. Statt der kleinen Fischerboote mit den kupferbraunen Segeln kreuzten grauschwarze Kriegsschiffe vor der Küste. Im Hafen von Swinoujscie, wo eine Torpedoboots-Flottille vor Anker lag und eine Marine-Artillerie-Abteilung ihre Geschütze in Stellung brachte, herrschte Hochbetrieb.

Bereits in den ersten Kriegsjahren hielt der Tod reiche Ernte. Nach den Seeschlachten bei Helgoland (1914), an der Doggerbank (1915) und im Skagerrak (1916) klopfte der Postbote mit den schwarzgeränderten Briefen immer häufiger an die Türen der Fischerhäuser.

Erst an jenem Novembertag des Jahres 1918, als die Kieler Matrosen Reichpietsch und Köbis den Beginn der Revolution in Deutschland verkündeten, als die Truppen in Berlin den Gehorsam verweigerten und der Kaiser bei Nacht und Nebel nach Holland floh, kehrte in die müden Gesichter der Daheimgebliebenen neue Hoffnung zurück.

Unter Führung der Arbeiter- und Soldatenräte versuchten auch auf Usedom die Arbeiter und Bauern, Landarbeiter und Fischer die Errungenschaften der Revolution zu festigen. In der „Schnitterkaserne" von Mellenthin, wie der schmucklose rote Ziegelbau genannt wurde, in dem die polnischen Erntearbeiter untergebracht waren, und vor dem Herrenhaus der Corswandts in Krummin meuterten die Landarbeiter. Sie ballten die Fäuste gegen ihre Ausbeuter und prophezeiten: „Wir werden schon zu unserem Recht kommen!"

Zur gleichen Zeit erstürmten hungernde Arbeiter in Swinoujscie das städtische Schlachthaus, um ihren Kindern wenigstens Pferdefleisch geben zu können. Siebenundzwanzig Arbeiter, darunter der alte Fischer Hermann Kruse aus Ahlbeck, wurden wegen Landfriedenbruchs unter Anklage gestellt und später vom Schöffengericht wegen Mundraubes verurteilt. Doch die Arbeiter ließen sich nicht entmutigen. Als ihnen, in der Zeit des Kapp-Putsches, reaktionäre Greifswalder Studenten in den Rücken fallen wollten, kam es in der Nähe des Golm zu erbitterten Kämpfen.

Vorübergehend machten sich in den Badeorten die alten „Herren"
wieder breit, und da und dort wurde im Winter zaghaft gebaut.
Im Sommer war jede Bautätigkeit verboten und die Maurer und
Zimmerleute lagen arbeitslos auf der Straße oder mußten in die
Fremde ziehen. Viele von ihnen legten damals Waage, Winkel
und Lot in die Ecke und versuchten als Fischer ihr Glück. Zäh
wie die knorrigen Windkiefern auf den Weißdünen und ohne
ihren kernigen Humor zu verlieren, trotzten sie der Inflation, die
ihre düsteren Schatten über die Insel warf. Auf das von dem
Landrat Hunger und den Kreisdeputierten Hennings und Rheinländer unterzeichnete Inflationsgeld, das von einem Tag zum
anderen seinen Wert verlor, münzten sie den bissigen Spottvers:
„Hunger tanzt mit Hennings Rheinländer!"
Doch damit ließen es die Usedomer nicht bewenden. Tatkräftig
zur Selbsthilfe schreitend, gründeten die Ahlbecker Arbeiter und
Fischer einen Konsum, dessen Mitgliedernetz sich bis Neppermin
erstreckte. Da die Kassen der Kurdirektionen leer waren, versuchte wie in den Gründerjahren ortsfremdes und ausländisches
Kapital den Badebetrieb neu zu beleben. Allein in Ahlbeck gaben
1926 ein Viertelhundert großer Häuser ihre Überschüsse nach Berlin, Prag, Amsterdam, Lodz und München ab. Noch schlimmer
war es in Heringsdorf.
Als sich Ende der zwanziger Jahre die wirtschaftliche Erstarrung
löste, trat auch hierin eine Änderung ein. In den Kurhäusern be-

gannen sich die neugeschaffenen Berufsverbände der Angestellten und Beamten einzurichten. Der Zentralvorstand der Angestellten erwarb den „Ahlbecker Hof", der deutsche Beamtenverein Hotel „Ostende", der Buchhändlerverband das „Strandhotel" und der Verband der Bühnenschriftsteller schuf sich in Ahlbeck ebenfalls ein eigenes Heim. Der finanzkräftige Siemens-Halske-Konzern ließ für seine Angestellten und Beamten in Koserow ein großes Haus erbauen, das heutige „Lieselotte-Hermann-Kinderheim". Trotz der allmählich beginnenden sozialen Umschichtung der Badegäste gelang es der Weimarer Republik nicht, den arbeitenden Menschen das Recht auf Erholung zu sichern. —

Dann kam das Jahr 1933. Ohne Hemmungen glitten die Badeorte auf Usedom in die Zeit des Faschismus hinein. Während die Ahlbecker Arbeiter nachts ihr Konsumgebäude bewachten, um das Hissen der Hakenkreuzfahne zu verhindern, versuchten nicht wenige geschäftstüchtige Hotelbesitzer durch Aufdruck dieses Emblemes auf ihre Werbeprospekte neue, zahlkräftige Gäste zu werben. Das mißbrauchte indische Fruchtbarkeitssymbol verfehlte nicht seine Wirkung. Nach und nach begannen die Herren in den braunen und schwarzen Uniformen das Strandbild zu beherrschen und den Ton anzugeben. Bald mischten sich die ersten grauen Uniformen dazwischen, und was sich ein Vierteljahrhundert vorher in Deutschland abgespielt hatte, wiederholte sich. Der zweite Weltkrieg begann.

Die Kriegsvorbereitungen verwandelten die Bäderinsel in eine riesige Kaserne. In Zinnowitz, Zempin, Koserow und Ückeritz quartierten sich Ingenieure, Techniker und Soldaten ein, die in Peenemünde die geheimnisvollen V-Waffen produzierten. Auf den Feldern um Garz erbaute der Arbeitsdienst einen Seefliegerhorst und selbst die stille Mellenthiner Heide verwandelte sich in ein unterirdisches Munitionsdepot zahlreicher Marine-Artillerie-Verbände, die in den Dünen ihre Küstenbatterien aufstellten. Auf dem Streckelberg und auf der Insel Oie nisteten sich Beobachter und Funker ein. Der Strand zwischen Zempin und Koserow wurde vermint, um die Insel im Falle der Gefahr in zwei Teile sprengen zu können. Noch bis zum Jahre 1950 verwehrten hier Stacheldrahtverhaue den Durchgang.

Swinoujscie erlangte die zweifelhafte Bedeutung eines der wichtigsten Stützpunkte der Ostseestreitkräfte. In die schönsten Häuser längs des Strandes zogen die verschiedensten Kommandostellen der Kriegsmarine ein, und statt des Kurorchesters spielten in den ersten Kriegsjahren allabendlich Militärkapellen auf den Promenaden. Aber nicht nur Swinoujscie, auch das kleine Zempin glich mit den wie Spinnenbeinen in alle Richtungen verlaufenden Betonrollbahnen und unterirdischen Bunkern einem gegen Fliegersicht durch bösartige Netze getarnten Heerlager. In anderen Badeorten wurde ein großer Teil der Kurhäuser als Heimatlazarette eingerichtet.

Im August 1943 schlug zum erstenmal die stählerne, todbringende Faust dieses zweiten Weltkrieges als Antwort auf den Beschuß englischer Städte mit deutschen V-Waffen mit aller Macht auf die Insel. Peenemünde-Karlshagen waren das Einsatzziel des anglo-amerikanischen Luftgeschwaders, dessen Bombenregen sich hauptsächlich über dem ungeschützten, mit Stacheldraht umzäunten Barackenlager der ausländischen Zwangsarbeiter entlud. Nahezu 20 000 Menschen, Sowjetbürger und Polen, Franzosen, Belgier und Tschechen fielen diesem Terrorangriff zum Opfer.

Noch heute gleicht der Dünengürtel zwischen Karlshagen und Peenemünde mit seinen dürftig vernarbten Bombentrichtern einer Kraterlandschaft des Mondes. Hier ist einer der größten norddeutschen Ehrenhaine für die Opfer des faschistischen Krieges und des amerikanischen Bombenterrors im Entstehen, dem jeder, der auf Usedom seinen Urlaub verbringt, einen Besuch abstatten sollte. Was das Jahr 1945 an Leid, Not und Angst über die Menschen brachte, wird kein Usedomer jemals vergessen.

Am 1. Februar, einem kalten, grauen Tage, der die Insel im Eis gefangen hielt, erließ der damalige Gauleiter von Pommern, Schwede-Koburg, einen Aufruf an die Bevölkerung, in dem er ihr zusicherte: „Durch alle Not und Prüfungen hindurch wird uns Adolf Hitler zum Siege führen!" Am gleichen Tage noch überschritt die Rote Armee auf ihrem unaufhaltsamen Vormarsch die Oder bei Kostrzyn (Küstrin). Bestürzt räumten die Behörden und die Spitzen der Partei die damalige Landeshauptstadt Sczecin. Wenige Tage später, Ende Februar, brachte der OKW-Bericht die ersten Einzelheiten über die Kämpfe am östlichen Brückenkopf der Stadt, wo fünfzehnjährige Knaben und ergraute Männer mit Panzerfäusten bewaffnet die andringenden Sowjetpanzer abzuwehren und die verlassene Oder-„Festung" zu verteidigen versuchten.

Vergebens! Als am 27. April die Panzerspitzen in das Stadtinnere rollten, waren die verstümmelten Straßen zwischen den Ruinen menschenleer. Die große, breitangelegte und weitausgedehnte

Stadt, die eine Fläche von über 310 Quadratkilometern einnahm, schien für immer gestorben. Müde, hoffnungslos und verzagt trieb der Hunger nach und nach 6000 Menschen, deren Augen sich nur langsam an das helle Licht und das Bild der toten Stadt gewöhnten, aus ihren Schlupfwinkeln. Alle anderen von den 383 000 Einwohnern, die Sczeczin einst zählte, lagen unter den Häusertrümmern begraben, oder waren mit Rucksack und Koffer bepackt, worin sie ihre letzten Habseligkeiten trugen, „ins Reich" evakuiert. Viele von ihnen versuchten, auf die Insel Usedom zu flüchten, wohin ihnen zur Nachtzeit die am Abend des 30. April in Sczeczin auflodernden und wochenlang anhaltenden Brände den Weg erhellten. Die meisten kamen jedoch nicht weiter als bis Ückermünde, Gnevezin oder in das schwer zerstörte Anklam und Kamp, wo sich die endlosen Flüchtlingstrecks und Wagenzüge stauten. Was war geschehen?
Nach der Einnahme von Sczeczin durch die Truppen der Roten Armee war der Insel Usedom ebenfalls die Rolle einer „Festung" und damit das gleiche Schicksal wie der ehemaligen Landeshauptstadt zugedacht. Pioniereinheiten sprengten die drei vom Festland

94

auf die Insel führenden Brücken, die schon monatelang mit Sprengkammern versehen waren. Fast gleichzeitig flogen die Stahlkonstruktionen und Betonfundamente der Straßenbrücke bei Wolgast, der 1930 erbauten Bäderbrücke bei Zecherin und die Eisenbahnbrücke zwischen Kamp und Karnin, eine der modernsten Hubbrücken Europas, in die Luft. Marineeinheiten verminten die Fährstellen über die Swine und die Peene, um die Insel uneinnehmbar zu machen. Auf diese Weise hofften die Faschisten, Zeit zu gewinnen, um die Reste der geschlagenen Hitlerarmeen auf Usedom zu sammeln und von hier aus nach Dänemark einzuschiffen. (Das Wrack des Linienschiffes „Schlesien", das auf der Flucht fünf Seemeilen vor Heringsdorf auf Grund lief, wurde erst im Sommer 1952 gesprengt.)

Als die Pionier-Sturm-Bataillone der Roten Armee ihren Fuß auf die Insel setzten, war die Entscheidung im Kampf um Berlin schon gefallen.

Der Zusammenbruch des Faschismus hinterließ auf Usedom tiefe Spuren. Kurpromenaden und Straßen waren von Heeresfahrzeugen zerfahren, die Seebrücken zerstört, in den Kuranlagen wucherte mannshohes Unkraut und Gestrüpp. Ein großer Teil der Kurhäuser, deren Besitzer den Ratten gleich das sinkende Schiff verlassen hatten, standen leer und waren der Verwahrlosung preisgegeben.

Der wirtschaftliche Neuaufbau stellte die demokratischen Gemeinde- und Kreisverwaltungen vor fast unlösbar erscheinende Aufgaben, die dadurch noch erschwert wurden, daß die große Völkerwanderung unserer Zeit die Einwohnerzahl auf der Insel von etwa 20 000 auf fast 45 000 erhöhte. Allein in Ahlbeck mußten innerhalb kurzer Zeit 3000 Neubürger untergebracht werden. Dazu kamen sämtliche Behörden der neuen Kreisverwaltung, da die alte Kreisstadt Swinoujscie und das Slawenland jenseits der Oder und Neiße nach den Beschlüssen von Jalta und Potsdam endgültig an Polen zurückfielen, dem es bis ins Mittelalter hinein zugehörte.

Mit dem gleichen Elan und Enthusiasmus, mit dem die polnischen Aufbaubrigaden dem zerstörten Sczeczin ein neues Gesicht gaben, und das Land „Vom anderen Ufer", wie der junge polnische Journalist Karol Malcuzynski in seinem gleichnamigen Reportagenbuch anschaulich schildert, wieder aufbauten, begannen auch die Usedomer die Schäden des Krieges zu beseitigen.

Eine der ersten und wichtigsten Maßnahmen war die Durchführung der demokratischen Bodenreform, womit sich endlich eine jahrhundertealte Forderung der Bauern erfüllte. Die Rittergüter der Lepels, die im finsteren Mittelalter gemeinsame Sache mit den betrügerischen Mönchen von Pudagla machten, der Schwerine, die 1945 vor dem Anrücken der Roten Armee ihre dem Volke abgepreßten Reichtümer in die Wände des Stolper Schlosses einmauerten und all der anderen, auf deren Feldern manche Usedomer Bauern bis 1945 Hand- und Gespanndienste leisteten, kamen in die Hände des Volkes. Das Herrenhaus der Corswandts in Krummin fiel der Spitzhacke zum Opfer, und die geborgenen Steine wurden zum Bau von Neubauernhöfen verwendet, auf denen die Neubürger wieder eine Heimat fanden. In Mölchow und Stolpe entstanden Maschinen- und Traktorenstationen, deren Traktoren heute die weitgewordenen Felder der Produktionsgenossenschaften bestellen.

In den Hafen von Wolgast, wo die aus den Vorbauwerften Roßlau und Boizenburg kommenden Fischlogger ihre Endausrüstung erfahren, kehrte mit der Gründung der Peenewerft kraftvolles Leben zurück. Die Halle der früheren Zellmehlfabrik bildet den Mittelpunkt des neuen Werftgeländes. Es ist geradezu symbolisch für die Stadt, daß an Stelle des alten Schlosses wirtschaftliche Anlagen getreten sind. Überragt von dem stumpfen Turm der St.-Petrikirche haben sich Zementfabriken und Stahlwerke breit gemacht, die Holzindustrie, die jahrzehntelang stillag, nahm einen kräftigen Aufschwung. Auf dem „Tannenkamp" hat sich das „Haus der Schaffenden" aufgetan.

Und so wie Wolgast gleicht das Usedom unserer Tage einem weiten Bauplatz. An den Brückenpfeilern von Zecherin arbeiten Taucher. Brummende Dampframmen treiben mächtige Baumstämme in das Schlammbett der Peene. Es wird nicht lange mehr dauern, bis das alte Fährschiff „Bogislav", das hier getreulich seinen Dienst verrichtet, ebenso ausgedient haben wird, wie der Fährprahm in Wolgast, nachdem die neuerbaute „Brücke der Freundschaft" schon am 27. März 1950 nach 1¹/₂jähriger Bauzeit dem Verkehr übergeben werden konnte. Hammerschlag und Motorengeräusch singen auch dem kleinen Dörfchen Rankwitz mit dem sagenumwobenen Jungfernberg ihr fröhliches Lied. In einigen Wochen schon wird es einen eigenen Hafen mit einer stolzen Beton-Kaimauer und breitangelegten Zufahrtstraßen haben, und den Bauern im Lieper Winkel, der längst aufgehört hat, der vergessene „Wurstzipfel" der Insel zu sein, bessere Verkehrsverhältnisse eröffnen. Nicht weit davon entfernt, in dem vom Kriege verwüsteten Usedomer Forst, rühren sich die rissigen Hände der Waldarbeiter. Dort, wo jetzt noch mannshoher Ginster seine goldgelben Blüten treibt, werden in einigen Jahren junge Kiefern, Fichten und Lärchen grünen.

Wahrlich, man müßte die Feder des Reporters führen, um all das, was ringsum geschieht, aufzuzeichnen: Da ist am Rande der Hexenheide eine neue Eisenbahnbrücke entstanden, Zempin wird einen neuen Bahnhof haben, in Pudagla erbauten sich Junge und Alte in 13 Tagen einen Sportplatz, in Zinnowitz ist ein neuer, großer Kurpark entstanden ... Kurpark — das ist das Wegschild, das uns, vom Ausflug durch das Hinterland der Insel zurückgekehrt, auf den Badebetrieb hinweist. Auch hierin hat sich eine entscheidende Wandlung vollzogen.

Um der Bevölkerung ihre alten Arbeits- und Verdienstmöglichkeiten neu zu erschließen, begannen die Bürgermeister und Gemeindeverwaltungen der Badeorte, unbeirrbar durch alle Einwände und Widerstände, bereits im Jahre 1946 mit dem planmäßigen Wiederaufbau des Kurbetriebes. Zinnowitz, bestrebt, ein „Seebad der Werktätigen" zu werden, ging den benachbarten Badeorten mit gutem Beispiel voran. Schon in den Sommern 1947/49 waren alle verfügbaren Plätze belegt, wobei die Zahl der FDGB-Urlauber über 70 % betrug. Damit erfüllte sich eine weitere Forderung der Märzrevolution. Das Recht der Werktätigen auf Erholung ist ebenso fest zum Bestandteil unserer neuen Gesetzgebung geworden wie das Recht auf Arbeit. „Seebad der Werktätigen", wie stolz das klingt. Der Berliner Telegrafenbeamte, der vom König vergebens die Errichtung eines Armenbades forderte, würde sich beim Anblick des neuen Strandlebens verwundert die Augen reiben. Die schönsten Häuser an den gepflegten Promenaden sind in den Besitz des Volkes übergegangen. Sie tragen heute andere Namen als in früheren Zeiten. Namen, die für Tausende und Abertausende von Werktätigen zum Inbegriff sonniger Ferientage und einer lichteren Zukunft geworden sind.

Die Rangordnung, die über ein Jahrhundert in den Kurlisten von Heringsdorf, Bansin und Zinnowitz Gültigkeit besaß, gehört der Vergangenheit an; die Zeit der Gemeinsamkeit hat begonnen.

Am Strand grenzt die Burg eines Schnelldrehers oder Stahlwerkers an die eines Lehrers; ein Bergarbeiter hat einen Arzt oder einen Wissenschaftler zum Tischnachbarn; abends sitzt der Traktorist neben einer Schauspielerin; ein junger Kunststudent malt einer Textilarbeiterin ein Strandbild. Das Leben ist schöner, ist reicher geworden ... Jener lateinische Spruch, der von der Fassade des Kurhauses in Heiligendamm grüßt: „HEIC TE LAETITIA INVITAT POST BALNEA SANUM" „Frohsinn empfange dich, hier entsteigst du gesundet dem Bad" ist auch auf Usedom Wirklichkeit geworden. Jauchzend vorwärtsdrängend, wie Sturmesbrausen, klingt das Finale aus dem Oratorium „Land am Meer" über dieses schöne Fleckchen Erde, das Wunsch und Hoffnung einst zur Sommerstätte sich erkoren:

> Lachend triumphiert das Leben
> Über die Vergangenheit.
> Schön wie erstes Grün der Reben,
> Grünt der Zukunft Frühlingskleid.
>
> Lachend triumphiert das Leben,
> Wie die Sonne überm Strand —
> Frieden rauscht das Lied der Wälder —
> Frieden braust der Wellen Lied —
> Frieden wogen goldne Felder —
> Frieden singt die Möw' im Ried!

Unkel Kollett un annere Lüd

Eigentlich ist es fehlgetan, von einigen wenigen Inselbewohnern wie von Originalen zu sprechen; denn von den Alteingesessenen, die mit den Kiefern zwischen Meer und Haff aufgewachsen sind, ist jeder auf seine Art ein Eigener, kaum selber geahnt, vorsichtig versteckt oft und doch stillerer Betrachtung würdig. Deutlicher und klarer als viele andere haben sie die Lebensart der Menschen, die hier wohnen, bewahrt. Freilich, solche wie jener Müller aus Trassenheide, der unter die Kleie Seesand mischte, um seinen eigenen Beutel zu füllen, sind damit nicht gemeint. Die Rede soll vielmehr von denen sein, die wirklich Begriff geworden sind im Guten wie im Bösen, deren Namen wir nur zu nennen brauchen, um ihr Bild in der Erinnerung wachzurufen, das das Bild der Landschaft nach sich zieht; das uns sagt, sie haben gelebt und sind noch nicht vergessen.

Das Land am Meer besitzt im besonderen Maße die Fähigkeit, sich einen eigenen Menschenschlag zu bilden. Das fand ich in Unterhaltungen und Gesprächen mit den Fischern, Arbeitern und Bauern und beim Studium ihrer Lebenswege immer wieder bestätigt. Es sind tatkräftige, heimatstolze Menschen, die mit allen Fasern ihres Seins tief in dem Boden wurzeln, den ihre Vorfahren einst urbar machten.

Selbst dem Humor, der in nachdenklichen und deshalb oft schweigsamen Menschen tiefer sitzt, als bei den Bewohnern anderer Gegenden unseres Vaterlandes, kommt hier volkskundliche Bedeutung zu. Das unter den Küstenfischern übliche Sprichwort „Wat nützt den'n Fischer dat Göld, wenn hei dormit in't Water föllt!" zeigt das Tiefgründige dieses Humors, in dem nicht selten Töne sozialer Anklage mitklingen. Als Beweis hierfür soll das weitgewanderte plattdeutsche „Scherzwort" stehen: „Wenn't Sünndag is, wenn't Sünndag is, denn giwt dat solten Hiering. Min Vadder, de krigt Kopp un Steert! Min Mudder krigt dat Middelstück! Wi Kinner krigt den Rögen, den Vadder un Mudder nicht mögen!"

Das Scherzwort zeigt aber auch, daß der Humor der Usedomer meist von der Arbeit herkommt und der Frohsinn der Fischer und Bauern äußert sich denn auch in recht positiver Weise, nämlich in vermehrter Arbeitsfreude. Als Beispiel dafür sollen nun einige der kleinen Geschichten folgen, die ich im Laufe der Zeit auf Usedom erzählen hörte oder auch selbst erlebte. Die Geschichte von der verlorenen Postkutsche soll den Anfang machen.

Als es auf der Insel noch keine Eisenbahn gab, war „Unkel Kollett" wohlbestallter Postillion in Usedom. Ihm oblag es, dafür zu sorgen, daß Handel und Wandel zwischen den beiden sich feindlich gesinnten Städten Usedom und Swinoujscie nicht völlig erlahmten und die landrätlichen Verordnungen ebenso pünktlich in das Amtszimmer des Usedomer Magistrats flatterten, wie deren Einsprüche und Beschwerden hierauf auf dem Schreibtisch des Herrn von Ferno zu liegen kamen.

Seitdem 1861 die neue Straße erbaut worden war, bereitete Unkel Kollett das Kutschieren geradezu Vergnügen, und was die Pünktlichkeit anbelangte, so wetteiferte er darin mit allen Kirchturmuhren der näheren und weiteren Umgegend. Kein Wunder also, daß, als sich der Postillion an einem grau-kalten Dezemberabend einmal verspätete, der Postmeister sogleich ungeduldig vor das Hoftor trat, um nach der Postkutsche Ausschau zu halten.

Endlich, es hatte längst schon acht geschlagen, hastete der ein wenig kurzsichtige Unkel Kollett die Straße herauf, spähte suchend nach links und rechts, postierte sich vor dem Postmeister und begann weidlich zu schimpfen: „Donnermüsing, wo sweit mi! Is de Kutsch all hier, Herr Postmeister?"

Den Postmeister ließ diese Frage aus allen Wolken des Wohlwollens und der postmeisterlichen Würden fallen. „Wat föllt Sei in?" wetterte er wie ein Anklamer Fuhrknecht. „Sünd Sei besapen? Wo können Sei Wagen und Pierd velieren? Up de Städt taurügg! Un wenn Sei em nich finn'n, denn soll Kolletten un sin Amt de Düwel holen!"

Kollett machte eiligst kehrt und lief in den Gasthof zurück, wo er mit einigen „Köm" versucht hatte, seine im Schneetreiben steif gewordenen Glieder ein wenig aufzuwärmen. Mag schon sein, daß er dabei länger als vorgenommen hinter dem warmen Ofen sitzen blieb und im Dunst der Knasterpfeife die Pferde samt Wagen vergaß. Er fand das Gespann weder vor dem Gasthof noch in dem Stall, wohin er den Pferden selbst in stockdunkeler Nacht den Weg nicht zu zeigen brauchte. Also wieder zurück und wie das Pendel eines Regulators zwischen Posthaus und Gasthof immer hin und her. Mehr als einmal fluchte der Postillion dabei vor sich hin: „De dummen Pierd! De dummen Pierd!"

So dumm waren aber die beiden Braunen gar nicht. Im Gegenteil! Als es ihnen zu langweilig geworden war, frierend im Schneegestöber der Hauptstraße zu stehen, bogen sie in stillem Einverständnis miteinander in die windgeschütztere Nebenstraße ein, um hinter der Hauswand Schutz zu suchen. Hier fand sie Unkel Kollett gegen Mitternacht und blieb so noch einmal davor bewahrt, vom Düwel geholt zu werden. „Wenn ick't nu west wier, denn gew dat wedder Zank un Stried, un dor bün ick nich för!" brummte der Postillion vor sich hin, während er die Stalltüre zuschloß.

Ein Kollege des Unkel Kollett war der Postbote Töllner und als solcher nicht nur in Usedom, sondern auch im Lieper Winkel, der zu seinem Zustellbezirk gehörte, ein höchst geachteter und bekannter Mann. Nicht selten kam es vor, daß er am späten Abend noch in Grüssow oder Quilitz gegen ein verriegeltes Hoftor klopfte, um seiner „beamtlichen Pflicht" nachzukommen. War es dann schon zu spät, um nach Usedom zurückzukehren, oder entdeckte er gar ein frischgeschlachtetes Schwein auf der Leiter, dann blieb er über Nacht bei den Bauern, und weder seine Frau noch der Postmeister sorgten sich, wenn Töllner mitunter erst nach zwei, drei oder gar vier Tagen von seinem Bestellgang zurückkehrte.

Die Tatsache, daß es unter den Lieperwinklern von jedem Namen gleich ein halbes Dutzend gab, mag ihn auch dazu verleitet haben, das Postgeheimnis nicht allzu ernst zu nehmen. Es war geradezu notwendig, ein wenig indiskret zu sein, um sich allein schon unter den vielen Köstern in Warthe zurechtzufinden. Da gab es einen Storch-Köster, der in dem Haus mit dem Storchennest wohnte, einen Farken-Köster, der mit Ferkeln handelte, einen Buden-Köster, der nur eine kleine verräucherte Kate sein eigen nannte, einen Buer-Köster und auch einen Bonbon-Köster. Die beiden Letzten waren Töllner am liebsten.

Na ja, und was den Lieperwinklern recht war, mußte den Usedomern billig sein. So war er schon bald mit den Sorgen und Freuden seiner Kunden besser vertraut, als mancher Hausvater. Einer Bauerntochter, die sich seit Tagen mit dem Zweifel trug, ob ihr der Bräutigam am Ende gar untreu geworden sei, rief Töllner eines Morgens schon von weitem zu: „Ick heww ne Kort' von ‚Dein Dich liebender Max' ut Nigenbramberg för Madam!"

Ein andermal übergab er dem vielbeschäftigten Dr. Böttcher ein Telegramm mit den Worten: „Sei söll'n na Benz kommen, de Lüdersche geihts äwel!" und ersparte ihm damit die Mühe, sich erst die Brille auf die Nase zu setzen und selbst zu lesen.

Doktor Böttcher, der bis in die 70er Jahre des vorigen Jahrhunderts als Alleinherrscher über Leben und Tod bis Lassan und Lentschow hin amtierte, war bei den Lieperwinkelschen und Usedomern nicht weniger beliebt als der ein wenig neugierige Postbote. Seinen Vorgängern freilich war es nicht so leicht gefallen, das Vertrauen der Bauern und Gutsbesitzer zu erwerben. Als sich der erste Chirurge, der 1867 nach Usedom kam, bei einem der Schwerins über den Scharfrichter Hirte beschwerte, der „ihm das Brot vom Mund nehme", antwortete der Stolper Gutsbesitzer unbewegt: „Mir ist der Usedomer Schinder zehnmal lieber als der Stadtbarbier Johann Andreas Müller!" Nun, den Bauern war der Doktor Böttcher jedenfalls hundertmal lieber als sämtliche Gutsbesitzer auf der Insel, und wenn die alten Zaubersprüche versagten, holten sie ihn oft zur Nachtzeit noch ins Dorf.

Einmal läutete in später Stunde einer so stürmisch an der Hausglocke des Doktors, als stünde ganz Usedom in Flammen. Als der aufgeschreckte Doktor, ein wenig verschlafen noch, den Kopf aus dem Fenster steckte und fragte: „Was klingeln Sie so gewaltig?" antwortete es unter ihm erleichtert: „Nehmen's nich äwel, Herr Doktor, ick dacht ... ick dacht, Sei wiren nich tau Hus!"

Im vergangenen Sommer passierte es mir, daß ich den Omnibus von Usedom nach Liepe verpaßte. Das ist um so ärgerlicher, da diese Linie nur recht spärlich befahren wird. Die Not zur Tugend machend, kehrte ich kurz entschlossen in die nächste Schenke ein, wo ich mir einen Platz in der Nähe des Stammtisches suchte. Um den großen runden Tisch saßen ein halbes Dutzend älterer Männer beim „Ollschenbaster", einem beliebten Kartenspiel. Ich hoffte, daß mir in dieser Nachbarschaft die Zeit nicht lang werden würde.

So war es auch; denn es wurde nicht nur Karten gespielt, sondern ebenso eifrig „geklöhnt". Die Stimmen klangen deutlich genug bis zu mir herüber und trugen mir manches Geschichtchen zu, dem die Zeit und die Fabulierlust des Volkes ihre Schnörkel angehängt hatten.

„Tje", sagte da einer, der sein Glas prüfend gegen das Lampenlicht hielt, „dat smeckt gaud, säd de olle Sauck un let sick in'n Sarg na Hus drägen! ,Gottvadder, Gottsoehn!' kreit sin Fru, ,min leiwe Mann is dod!' — ,Dod nich, aewer besapen!' säd de Köster un güng dävon!"

„Dat smeckt gaud un is gaud gegen Hitt un Küll!" echote die Stammtischrunde und leerte ihre Gläser auf das Wohl des Uhrmachers Sauck, von dem man sich noch ganz andere Dinge erzählt, als die Geschichte mit dem Sarg. Noch bevor ich dazukam, das eben Gehörte aufzuschreiben, gab ein alter Fahrensmann mit einem schneeweißen Fresenbart schon ein neues Stückchen zum Besten.

„'n Saucken sien Fru wier nich äwel, aewer'n Rieck sin Olle, dat wier'n Düwel sin Grotmudder!" Der Alte nahm einen tiefen Schluck aus seinem Glas, wischte sich mit dem Handrücken den Bierschaum aus dem Bart und fuhr fort zu „vertellen":

„Dat schöne, gaude Hemd, denkt' se so bi sick, as se Vadder Riekken in'n Sarg liggen seiht. 'nen schönen Pries heww ick betahlt dorför!' säd se un nehm de Schier, kihrt den'n Ollen üm und makt Snip-Snapsch! ‚So is dat 'n schönes Näsdrüppel-Dok!' As de Angst kümmt, geiht se tau'n Pastor un fröcht: ‚Och, Herr Paster, seggen Sei mi, ob dat in'n Himmel 'ne Wand gäwen ded?' — ‚Dat söll sin, min leiwe Fru!' säd de Paster. ‚Dat is gaud', säd Riecken sin Fru, ‚dor kann sick min arm' Vadding achtern gegenstell'n!' "

Eine halbe Stunde später saß ich im Omnibus nach Liepe. Der Zufall wollte es, daß der weißhaarige Alte vom Stammtisch, der die Geschichte von der geizigen Frau Rieck erzählt hatte, neben mir Platz nahm. Als der Omnibus hinter Suckow auf der schlechten Straße mächtig zu schaukeln anfing, klopfte er dem Chauffeur auf die Schulter und fragte: „Kannst du fahren?" „Na klar, kann ick fahren!" brummte der Chauffeur ohne sich umzusehen. „Dat hett de Seemann ock seggt, as hei'n Bur sin Tägel nahm un'n Karren den'n Barg runnertrünneln let. ‚Tje, Minsch', säd de Seemann, as de Bur bullert, ‚ick denk, du sittst achter an't Stuer!' "

An der ausgefahrenen Dorfstraße in Liepe liegt ein großer, weißgetünchter Gasthof. Der gehörte dem Paul Raesch, der noch heute als 84jähriger in einem kleinen Hinterstübchen des Hauses, das eher einer Werkstatt als einem großväterlichen Ausgedinge gleicht, seine Hände rührt.

Hier im Lieper Winkel sitzen die Raeschs schon seit dem Mittelalter, wenn nicht noch länger. Die schwedischen Steuerlisten vom Jahre 1654 erwähnen zum erstenmal urkundlich ihren Namen: steuerpflichtig ist der Kossäth Joachim Raesch. In der Zeit von 1700 bis 1874 beherrscht ihr Name vor den Kösters, Krachts, Kastens und Saucks mit 981 Eintragungen die Kirchenbücher.

Ich lernte den munteren Alten kennen, als ich an einem späten Sommerabend auf der Suche nach alten Volksliedern und Trachten nach Liepe kam und nicht recht wußte, was ich mit dem „halben" Abend noch beginnen sollte. Allein schon der Besuch bei „Vadder

Raesch", wohin mich der Lehrer führte, hätte den weiten, beschwerlichen Weg von Zinnowitz nach Liepe reichlich gelohnt.

Das, was er an Gehörtem und Selbsterlebtem in seiner Erinnerung aufgespeichert hat, reicht bis in die ferne „Franzosentid" zurück. Vom Großvater mochte er's als Kind gehört haben, wie damals die Winkelschen ihre Pferde mit Sandsäcken bepackten, um ihnen das Wiehern abzugewöhnen und vor den räuberischen Franzosen im Sumpf versteckten.

Als Kind träumte der alte Raesch zuweilen davon, einmal sehr, sehr reich zu werden. Das war damals, als sein Vater (oder war es schon der Vater seines Vaters?) den Goldberg bei Quilitz kaufte, von dem die Sage ging, das hier der Teufel einen großen Schatz vergraben hielt. Schmunzelnd erzählte Vater Raesch, daß seine Vorfahren, die zur Nachtzeit nach diesem Schatz gruben, wirklich eine große Truhe fanden, die so schwer war, daß sie ein halbes Dutzend Männer nicht heben konnten. Doch die Raeschs wußten sich zu helfen, sie steckten einen großen Pfosten durch den eisernen Ring des Truhendeckels und versuchten es mit Hebelkraft. Kaum, daß die Truhe sich ein wenig hob, versank sie wieder mit Donnerschlag klaftertief in dem Sand, und nur der eiserne Ring blieb am Hebebaum zurück. Noch heute soll er an der Lieper Kirchtür zu sehen sein. Auch ohne den Teufelsschatz aus dem Quilitzer Goldberg ist Paul Raesch rechtschaffen und gradlinig seinen Weg durch die Zeit gegangen. Die Lieperwinkler, die Vertrauen zu ihm hatten, bestimmten ihn zu einem der drei Wahlmänner, die sie stellen durften, und schickten ihn zu den Landtagswahlen nach Anklam. Zu beeilen brauchten sich die Lieper auf ihrer Reise nach Anklam nicht; denn die Kreise wählten nach der Entfernung, so daß Usedom erst zum Schluß an die Reihe kam. Unwillkürlich erinnern diese Klassenwahlen der Kaiserzeit an das amerikanische Wahlsystem. Jeder Wahlmann mußte laut den Namen seines Kandidaten nennen, und die Wahlzettel wurden „zur Kontrolle" in dickleibigen Mappen abgeheftet.

Paul Raesch fürchtete sich trotzdem nicht, den Herren offen seine Meinung zu sagen. Auch der Landrat, der ihn wegen Bewilligung der Schankkonzessionen nach Swinoujscie bestellte, konnte ihn nicht in Verlegenheit bringen. Bemüht, dem Antragsteller eine Falle zu stellen, fragte der Landrat nach diesem und jenem. Und dann, plötzlich und unvermittelt:

„Was treiben ihre Kinder, Raesch?"

„Mein Ältester studiert Jura, Herr Landrat!"

Der Landrat kniff die Augenbrauen zusammen. „So, so ... Jura studiert also der Herr Sohn! Will wohl Advokat werden, wenn er sein Studium beendet hat?"

„Nein, Herr Landrat!" schmunzelte Paul Raesch.

„Was denn sonst, Raesch?" polterte der Beamte.

„Landrat, Herr Landrat!" antwortete der Gastwirt, womit die Unterredung sogleich beendet war.

Auch in seiner Gastwirtschaft hat der altgewordene Raesch mancherlei erlebt. Wenn Vater Schmidt, der Bauer Kracht und einige andere um den Stammtisch saßen, zuweilen auch ein Weber aus Mönchow unter ihnen, der heimlich Verse schrieb, ging es hoch her. Dann prahlte Schmidt, daß er sich sein Bier redlich verdient habe. Die Fliegen aus dem Bernstein herauszuklopfen, sei ein schwieriges, aber einträgliches Geschäft, denn der Usedomer Apotheker bezahle gutes Geld dafür. Die anderen sollten es nur nachmachen.

Und Kracht passierte einmal das Mißgeschick, daß er, ein wenig „dun" nach Hause torkelnd, im dunklen Flur über den zum Kühlen aufgestellten Sirupbottich stolperte. Als er, sogleich aus seinem Rausch erwachend, die klebrige Lache um sich fühlte, rief er entsetzt nach seiner Frau und jammerte: „Wilhelmine, al min Blaut, min Blaut ...!"

Nach Mitternacht, als unser Gespräch immer weitere Kreise zu ziehen begann und wir auf die absonderlichsten Dinge zu sprechen kamen, die sich zuweilen in der Umgebung abergläubiger Gemüter auf Erden zutragen, so zum Beispiel vom Spuk auf dem Lüderschen Hof in Grüssow, vom „roten Fuchs" in Zecherin und den kleinen Pucks im Anklamer Moor, lächelte Raesch verschmitzt und sagte: „Dat möten sick de Minschen utdacht hebben!"

Um zu beweisen, daß er nicht an solchen Unsinn glaube, brummte er einen derben Vers aus seinem gottlosen Gesangbuch vor sich hin:

„Ich bin ein wahres Rabenaas,
Ein rechter Sündenknüppel,
Der seine Sünden in sich fraß
Als wie der Jud die Zwiebel ..."

Nun, ich glaube, daß „Sündenknüppel" doch zu dick aufgetragen ist, mir scheint, der alte Raesch ist durchaus ein Mann, der mit beiden Beinen fest auf der Erde steht und mir großzügig, wie er ist, nicht übelnehmen wird, wenn er sich auf den Seiten dieses Buches wiederfindet. —

Neben mir auf dem Schreibtisch liegt eine alte vergilbte Fotografie, die in wenigen Tagen fünfzig Jahre alt wird. Auf ihrer Rückseite steht: „Aufgenommen von Gustav Neumann am 3. April 1903 in Zinnowitz." Dieses Bild, das mir ein glücklicher Zufall in die Hände spielte, beweist, daß es nicht nur in der Stadt Usedom und im Lieper Winkel, sondern auch anderswo auf der Insel eine Reihe merkwürdiger Gestalten gegeben hat und zum Teil heute noch gibt. Im Vordergrund der Aufnahme, vor dem alten friderizianischen Schulhaus und dem 1886 umgebauten Spritzenhaus steht Peter Darm, ein solches Original aus Großvätertagen.

Von Peenemünde kommend, zog er mit seinem zweirädrigen Karren von Ort zu Ort bis nach Ückeritz hinauf. Überall sprach er in den Häusern ein, um seine aus Weidenruten geflochtenen Körbe zu verkaufen, und lebte so auf eigene Weise ein recht einfaches Dasein. Noch 1903 ging er als Vierundachtzigjähriger bei Wind und Wetter seinen Weg, und die Dorfjugend versäumte es nie, den Alten mit dem halbrunden, weißen Backenbart, in der abgeschabten, verbeulten Hose und der viel zu weiten Jacke, durch das Dorf zu begleiten. Das merkwürdigste an ihm war, daß er sich auf seinen Reisen nur von trockenem Brot, Zwiebeln und Salz und, was die Seele des ganzen war, einem Fläschchen Korn nährte!

Peter Darm ist längst gestorben; aber die alte Fotografie ist im Verlaufe eines halben Jahrhunderts zu einem Stück Heimatgeschichte geworden.

Wie der Lehrer J. Koch, der über 40 lange Jahre als Badesekretär in Ahlbeck wirkte, in seinem Buch „Strand und See" erzählt, besaß Ahlbeck ebenfalls sein „Original", nämlich den alten Bahrholtz (1790—1868). Die Leute nannten ihn einen „naturalistischen Sonderling", weil er weder Sommer noch Winter Unterzeug und Socken in den Stiefeln trug. Doch Bahrholtz war wohl mehr als ein solcher. Er gehörte zu den Veteranen der Befreiungskriege, die an der Seite ihrer russischen Waffenbrüder gegen Napoleon gekämpft hatten. Deshalb wurde er, wohin er auch kam, gastlich aufgenommen, und überall im Dorf fand er Wohnung, obwohl er kein Dach über dem Kopf sein eigen nannte. Es war, als wollte ihm jeder eine Dankesschuld abstatten. Besonders beliebt war er bei der Schuljugend, der er viel aus seinem ereignisreichen Leben zu erzählen wußte. — Als die Ahlbecker daran gingen, das zum Friedhof bestimmte Terrain abzuholzen, ließen sie nur eine alte, schattenspendende Buche stehen. Eines Tages fragten die Erdarbeiter und Gärtner den Pfarrer, wer auf diesem schönen Platz schlafen soll. Da drängte sich der alte Bahrholtz in den Kreis und sprach schlicht: „Ick bün'n ollen Mann, de bald to Liggen kümmt, lat mi man unnren Bukboom slöppe!" So geschah es später auch. Und sein Grab blieb zur Sommerszeit nie ohne einen Strauß frischer Blumen.

Noch viele Dutzend anderer Menschen gibt es auf der Insel, die sich durch die Eigenart ihres Lebens aus der Menge hervorgetan haben und schlichte und einfache Menschen blieben, die trotz aller Sonderlichkeiten in der Gemeinschaft aufgingen. Man könnte noch den schlauen Bauer aus Zinnowitz nennen, dem es zu umständlich war, das Heu mit der Gabel auf den Scheunenboden zu staken und der darum eine starke Bohle anlegte, gehörig Anlauf nahm und mit dem beladenen Schubkarren hinauffuhr. Das ist keine Eulenspiegelei, sondern hat sich wahrhaftig zugetragen. Hierher gehören auch der Ortsteiner-Karl aus Peenemünde, der sich seinen Namen dadurch verdiente, daß er gern bei einem kleinen Schwätzchen die Zeit verstand, und jener Gastwirt aus Warthe, der sich den neuankommenden Gästen „als Wirt von und nach Berlin — man nennt mich ‚Mully' (Maulwurf)!" vorstellte, worüber sein eigentlicher Name fast in Vergessenheit geriet.

Und wer von den Zinnowitzer Badegästen kennt nicht den „Dienstmann Nr. 2", der selbst in den verzwicktesten Situationen, und sei es fünf Minuten vor Abfahrt des Zuges, weder seinen Humor noch seine Ruhe verliert. Seinen launischen Spruch: „Von allen Orten wohlbekannt, hat Zinnowitz den besten Strand..." hat sich mancher Sommergast gemerkt und heimlich aufgeschrieben. Ein andermal lädt er zu einer Omnibus-Sonderfahrt nach der Insel Oie oder einer Promenadenfahrt mit dem Motorschiff Elli auf den Glienberg ein.

Mit seiner weitschallenden Stimme war ihm auch bei der Aufführung des Oratoriums „Land am Meer" eine Rolle zugeteilt worden. Leider eine ernste, die des Ausrufers, der das „Tewssche Rezept" zu verkünden hat. Der zweite Akt hatte längst begonnen, aber wer noch fehlte, war der „Dienstmann Nr. 2". Drei Minuten vor seinem Auftreten kam er auf dem Fahrrad querfeldein herbeigeeilt. Natürlich mit seiner roten Mütze. Heimlich schlich er sich in offener Weste hinter den festlich gekleideten Chor. Auf die Sekunde genau ertönte seine Glocke und dann sein feierlicher Baß: „Verboten ist es künftig jedem, unsere würdige Stadt zu betreten..." Daß alles lachte, versteht sich...

Nicht alle sind aus solchem Holz geschnitzt. Daneben gibt es eine Reihe anderer, deren Persönlichkeit auf eigenem Grund und Boden selbstisch gedieh und die als Herren unter den gesellschaftlichen Verhältnissen vergangener Zeiten übel zu Saft und Kraft kamen. Sie sind Begriff geworden im Bösen ...

Zu ihnen gehört der Großbauer Sauck in Liepe, den die Bauern nach dem biblischen Namen seines Hengstes „Esau" nannten, natürlich nur dann, wenn er selbst nicht dabeistand. Von welcher Art die Sauckes waren, beweist das bis heute lebendig gebliebene Geschichtchen: Als 17jähriger Bursche machte der junge Sauck eine ungute Fahrt. Auf dem sandigen Feldweg brach der vollbeladenen Fuhre die Deichsel. Um dem Zorn des geizigen Vaters zu entgehen, stahl der Bursche einen im königlichen Forst lagernden Eichenstamm und ließ ihn vom Stellmacher herrichten.

Es hatte keiner gesehen, keiner gehört, und doch brachte es die Sonne an den Tag und der Briefträger eines Tages die gerichtliche Vorladung ins Haus. Die Bäuerin überlegte, wie man die üble Sache aus der Welt schaffen könne, ohne dem alten Sauck die Schande anzuhängen, daß sein Sohn ein Dieb sei. Und tatsächlich fand die Bäuerin einen, wenn auch recht seltsamen Ausweg.

Am Tage des Termins, es war Mitte Juli und die Sonne brannte wie das leibhaftige Fegefeuer vom Himmel, stülpte sie ihrem Filius die handgestrickte Pudelmütze über den Kopf, schlang ihm einen Wollschal um den Hals und verpackte seine Hände in derbe Fausthandschuhe. In diesem sonderlichen Aufzug kutschierten beide nach Swinoujscie, wo sich der Bengel schwitzend und recht dumm dreinschauend vor dem Richter postierte. „Kann man einen solchen Tropf, der im Sommer Pudelmütze und Wollhandschuh trägt, eines Diebstahles beschuldigen, Herr Richter?" eröffnete die Mutter die Verteidigung. Anbetracht einer solch überzeugenden Beweisführung blieb dem hohen Gerichtshof nichts anderes übrig, als dem mütterlichen Anwalt zuzustimmen und den Angeklagten freizusprechen. Freispruch wegen — Unzurechnungsfähigkeit!

Von einem anderen Gutsbesitzer im Usedomer Winkel wird erzählt, daß er einer armen, kinderreichen Witwe, die sich auf seinem Grundstück Rohr für das baufällige Dach ihrer Hütte geschnitten hatte, den Kaufpreis in blanken Talern abforderte. Als nun die Frau einen Taler neben den anderen auf den Tisch zählte, ritt ihn der Teufel des Hochmuts. „Gelingt es dir, die Taler mit einem einzigen Armzug in deine Schürze zu streichen, ohne daß einer liegen bleibt oder zu Boden fällt, dann sollen sie dir gehören und das Rohr dazu. Mißlingt es, dann wehe dir!" Und er drohte mit der Peitsche.

Ich weiß nicht, wie die Geschichte ausgegangen ist und habe auch keinen danach befragt. Um was es darum geht, offenbart schon das Bruchstück; es spricht von der Gier, die wie ein böser Stachel im Fleisch der Menschen sitzt, die sich als Herren dünken.

Gewiß, daß alles sind keine großen Geschichten, sondern alltägliche Begebenheiten, wie sie ,dat Volk sick vertellt', und doch besitzt jede einzelne davon ein Körnchen Wahrheit und ein Körnchen Weisheit. Deshalb lohnt es sich, das oft nur zaudernd gewährte Vertrauen der einfachen Landbewohner zu erwerben, die alle ein wenig dem alten Brunnen gleichen, aus dem man das Wasser vom tiefen Grunde schöpfen muß und die so leicht nicht überlaufen.

Brot des Meeres

Der kühne Uferbogen nach der Swinemündung leuchtete unter der Sommersonne wie eine silberne Sichel. Blau wellte sich das Meer dem fernen Horizonte zu. Am Fuße des Kulms, der am Rande des undurchdringlich scheinenden Urwalds nach Katzenart seinen Buckel krümmt, herrschte Hochbetrieb.

Unter dem fröhlichen Gekreisch der Kinder zerrten die Fischer, auf dem Kopf noch den geölten Südwester, ein blaues Flanellhemd unter der weiten Jacke und die „Bücks" in den großmächtigen Stiefeln, die Boote ans Land. In den feinmaschigen Netzen zappelte die silbernasse Beute. Die Fischerfrauen mit ihren breitkrempigen, selbstgefertigten „Holländern", von denen ein Stück Stoff schürzengleich in den Nacken hing, lösten die Heringe mit geschickten Händen aus den Maschen. Auf einfachen, schuppenglänzenden Holztafeln wurde der Fang an Ort und Stelle ausgewrakt, eingesalzen und in die bereitstehenden Fässer verpackt. Die ganze Familie war beschäftigt, und, sich selbst überlassen, spielten die Allerkleinsten, die noch in der „Pie" steckten, einem ärmellosen, rotwollenen Leibchen, mit den Muscheln im Sand. Selbst Großvadding fehlte nicht am Strand, obwohl ihm das Laufen in den schweren Holzschuhen Mühe machte.

„Tje, Minsch", sagte er zu seinem Ältesten, „is dat'n gauden Fangh!" Nicht nur Großvadding, sondern alle Fischer der namenlosen kleinen Fischerkolonie am Rande des Gothener Forstes waren an diesem 6. Juni des Jahres 1820 mit ihrem Fang zufrieden. Auf ihren zweirädrigen Karren, den Spülsaum des Meeres als Straße benutzend, waren inzwischen auch die Fischhändler aus der Swinestadt eingetroffen. Kaum angelangt, begann sogleich das Feilschen um die Preise.

Immer erregter klangen die Stimmen der Fischer, denen das Gebot der Händler gar zu gering schien. „Nee, he is wiet äber Stüer!" („Nein, er ist weit über Steuer!") schimpfte der eine. Ein anderer stieß mit dem Fuß zornig gegen die kleine Heringstonne, daß die Salzlake überschwappte. Doch was nützte ihnen das Aufbegehren? Verkaufen mußten sie doch, wenn sie die Fänge nicht an die Schweine verfüttern oder die Frauen damit auf den weiten Weg zum Fischmarkt in Swinoujscie schicken sollten. Die feisten Fischhändler wußten das nur zu genau, und den zu erwartenden Gewinn ausrechnend, streichelten sie zärtlich ihre Geldkatzen. In Anklam, Sczeczin und Pasewalk erwarteten ihre Agenten schon die neue Lieferung. Bald würden die Usedomer Fänge noch weiter ins Land hineingehen, bis Berlin, Magdeburg, Dresden und Frankfurt. Selbst in der fernen Provinz Poznan (Posen) und in der Seestadt Hamburg begann sich der Ostseehering den Fischmarkt zu erobern.

Mit den Fischhändlern, die ihm den Weg gewiesen hatten, war ein junger, vornehm gekleideter Reiter aus der Swinestadt herübergekommen. Wie es schien, einer vom Adel. Während die Fischer ihrer Arbeit nachgingen, beobachtete er aufmerksam das geschäftige Treiben um sich her. Großvadding, dem das wunderliche Benehmen des Fremden zuerst auffiel, fragte einen der Fischhändler, wer der Unbekannte sei: „Segg mal, wat is dat vörn Pumpbücks?" „Pumpbücks?" flüsterte der Händler. „Heww ick ock all dacht, äwer dat is de König sin grote Jung!" „Gottvadder!" brummelte der Alte verlegen und zerrte den Strohhut vom Kopf. „Dat is ok gaud! 'n König sin grote Jung is bäter as dei Düwel! Hei süll den Ort glik eenen gauden Nam gäwen!"

Die Nachricht von der Anwesenheit des Kronprinzen machte schnell die Runde. Von allen Seiten wurde er bedrängt, der Fischerkolonie, die schon seit drei Jahren ein namenloses Dasein führte, einen Namen zu geben. Der Kronprinz überlegte nicht lange. Der Hering, dem die Fischer ihr karges Brot verdankten, sollte dem Ort auch seinen Namen geben. Ein Brett mit der Aufschrift „Heringsdorf" wurde sogleich an einer Stange befestigt und am Strande aufgestellt. Die Fischer waren damit zufrieden, aber dennoch hatte die Geschichte ein Nachspiel.

Als am nächsten Morgen König Wilhelm III. mit seinem Gefolge auf der Fahrt von Swinoujscie nach Wolgast am Strande von

Heringsdorf Rast machte und das Schild entdeckte, fragte er die Fischer, wer ihnen den Namen verliehen habe. In seiner gekränkten Eitelkeit beschuldigte er den Kronprinzen eines Staatsverbrechens, da es nur dem König erlaubt sei, den Namen der Dörfer zu bestimmen. „Hei hett äwer'n Mulwark!" staunte Großvadding, der in respektvoller Entfernung dabeistand und sprach damit das letzte Wort in dieser Angelegenheit.

Soweit die Anekdote, die allgemein bekannt ist.

Dem Fischfang, besonders aber der „Jagd" auf den geselligen, überaus fruchtbaren Hering, der zu Unrecht „Plepejer" unter den Fischen genannt wird, verdankt Usedom weit mehr als nur den Namen eines seiner schönsten Badeorte. Ihm verdanken zahlreiche Fischerkolonien, z. B. Karlshagen und Hammelstall (Trassenheide) und viele andere an den Gewässern auf Usedom gelegene Dörfer ihr Entstehen. Das „Seebrot der Völker" nährt Hunderte Usedomer Fischer, deren Handwerk für die Insel ebenso Begriff geworden ist wie die Spielzeugfabrikation für das Erzgebirge, die Porzellanmanufaktur für Meißen oder der Weinbau für das Rheinland. Mit 1719 Beschäftigten steht die Fischerei an der Spitze der Berufsstatistik der Inseln Usedom-Wollin vom Jahre 1907. (Bezeichnenderweise folgt an zweiter Stelle mit 1242 Beschäftigten das Schankwirtschaftsgewerbe!)

Die malerischen Liegeplätze der Fischerboote inmitten des Badestrandes, die alten halbzerfallenen Salzhütten mit ihren moosgrünen Schilfdächern in den Dünen von Zempin, Koserow und Ückeritz gehören wie die schmucken Fischersiedlungen rund um das Achterwasser untrennbar zum Landschaftsbild. —

Der „rike Steen", ein Findlingsblock am Voßberg auf dem Gnitz, berichtet, daß hier die Fischer am 11. Februar 1769 in einer Stunde 27 Schümer (altes Hohlmaß; ein Schümer = zwölf Scheffel) Bleie gefangen haben. Beredter noch ist der Kronleuchter, den die Zempiner Garnfischer im Januar 1900 der Koserower Kirche stifteten. Mit einem einzigen Fischzug fingen die Zempiner 800 Zentner große und 50 Zentner kleine Bleie. Die Netze waren so prall mit der zappelnden Beute gefüllt, daß sie nicht ans Land gezogen werden konnten und mit Schaufeln entleert werden mußten. Dieser Fischzug brachte eine Einnahme von 13 000 RM und war Grund genug, dankbar und zufrieden zu sein.

Doch solche reichen Fischzüge sind selten; nicht mühelos fällt den Fischern der Segen des Meeres in den Schoß. Ihr Tagewerk ist gefahrenvoll und schwer und mag nur demjenigen romantisch-reizvoll erscheinen, der die Boote an einem schönen Sommertag mit geschwellten Segeln und silberglänzender Fracht von weiter Fahrt zurückkehren sieht.

Wollte man eine Geschichte des Fischfangs schreiben, müßte man bis in die älteste Steinzeit zurückgreifen. Helleres Licht in die Dunkelheit bringen aber erst die Urkunden und Chroniken des frühen Mittelalters, die uns zwei wichtige Erkenntnisse über die ökonomische Lage der Usedomer Fischer vermitteln. Aus ihnen geht hervor, daß die Herren des Landes, Adel und Geistlichkeit, zugleich die Herren der Fischerei waren. Und zweitens, daß auf Usedom dem Fischfang im Brackwasser des Haffs und des Achterwassers ebenso wie in den kleinen Süßwasser-Binnenseen lange Zeit größere Bedeutung zukam, als dem Fischfang auf dem freien Meer.

Der alte Thomas Kantzow schreibt darüber in seiner Chronik: „Von dem Gelde aber, das für die Fische einkommt, nehmen die Fürsten vom Lassan'schen Wasser (wie man das Achterwasser im Mittelalter nannte) den dritten und vom Haff den sechsten Pfennig, was bisweilen bei 3000 Gulden im Jahre getragen hat, woraus man achten kann, was eine große Gewalt Fische da muß gefangen werden. Die Fische gehen bisweilen so dick die Swine hinauf, daß die Fischer sagen, eine Stange fiel nicht um, wenn man dazwischen stoße."

Lampretten, Störe, Lachse und Karpfen durften überhaupt nicht verkauft, sondern mußten als „Herrenfische" an den Hof geliefert werden. An den Stör, den man in früheren Zeiten bei Usedom recht häufig fing, erinnert noch heute die Störlanke bei Zinnowitz, deren eigenartige Lage ihre Bezeichnung als Blinddarm des Achterwassers weit angebrachter erscheinen ließ. Wie ich hörte, wohnt in Koserow ein alter Fischer, den ein solcher Riesenfisch von $4^1/2$ Zentnern Gewicht schwer verletzte. Weit bekannt geworden ist Friedrich Rückerts Gedicht „Bestrafte Ungenügsamkeit", das frei nach Kantzow ebenfalls von zwei gewaltigen Stören berichtet, die alljährlich vor die Tore des Klosters Grobe bei Usedom geschwommen kamen, um den Mönchen als Nahrung zu dienen. Obwohl diesen auferlegt war, immer nur einen Stör davon zu nehmen, fingen sie, anstatt sich zu begnügen, in einem Jahre beide. Von da ab war es mit dem Fischsegen für immer vorbei. Heute ist der Störfang auf Usedom gänzlich ausgestorben; auch der Lachs, einer der größten und schönsten Fische der deutschen Ge-

wässer, und die Lampretten, bei uns „Neunaugen" genannt, werden nur noch selten gefangen.

Der Sage von den habgierigen Mönchen in Grobe mögen die gleichen gesellschaftskritischen Hintergründe zu eigen sein wie dem bekannten Volksbuch vom „Reineke Fuchs". Das Volk wollte damit den Mönchen, die sich längst nicht mehr auf das Fastenfischen beschränkten, sondern schon um die Mitte des 13. Jahrhunderts eine ansehnliche, aus 48 Booten bestehende Fischereiflotte besaßen, einen Spiegel vorhalten.

Unter der Aufsicht der fürstlichen Kieper und in späteren Zeiten der königlichen Fischmeister, die darüber wachten, daß die Fischereiordnungen eingehalten wurden und kein Fisch unversteuert auf den Markt gelangte, waren die Fischer ebenso unfrei wie die Bauern. 1387 war die Empörung der Anklamer Fischer über die Kieper, die die Fischmaße nachprüften und die zu klein befundenen Gefäße am Schandpfahl zerschlugen, so groß, daß sie das Rathaus erstürmten, den Rat erschlugen und sich weigerten, während der Fastenzeit zu fischen. Nur mit brutaler Gewalt vermochte der Greifenherzog, die alte Lage wiederherzustellen. Nicht nur die Nutznießer der Fischerei, die endlose Prozesse um die Fischrechte führten, waren uneinig, sondern auch unter den Fischern selbst kam es immer wieder zu Streitigkeiten um die zappelnde Beute.

Fischräubereien und Freibeuterei waren deshalb bis ins 19. Jahrhundert keine Seltenheit, sondern geradezu an der „Tagesordnung".

Einmal verstellten die Stromfischer die Swine durch Netze, um den Fischen den Weg ins Haff zu verlegen, ein andermal drangen die Haff-Fischer mit zwanzig, dreißig und noch mehr Booten bis in den Vietziger See vor und hoben die Reusen im fremden Fanggebiet. Oft waren diese Kämpfe so hart und erbittert, daß zu ihrer Beendigung Kanonenboote aus Swinoujscie herbeiordert werden mußten.

Daß die Lassansche Wasserordnung von 1571 noch drückender als die Haffordnung war, zeigte schon die aus Kantzow zitierte Stelle. Dafür läßt sich noch eine Reihe anderer Beispiele anführen. Ein „Wintergarn" kostete im Haff 5 Taler Jahressteuer, im Achterwasser 8 Taler; vier Bleienetze dort 1 Taler 15 Groschen, hier sechs Taler. Darüber hinaus mußten die Fischer aus Ückeritz, Loddin, Zempin und Koserow jährlich zwei Kähne Speisefische für die Hofküche in Wolgast liefern, und die Krumminer Nonnen erhielten auf Lebenszeit alljährlich 1 Viertel Schonenschen Hering und 1 Schock Winterbrassen (dazu natürlich noch andere Lebensmittel in großen Mengen).

Die pommerschen Herzöge hatten allen Grund, Haff und Achterwasser ihre „ergiebigen Vorratskämmerlein" zu nennen. Noch im Jahre 1910 belief sich der Wert des im Achterwasser erzielten Fanges auf über 400 000 Mark. In den Tabellen des damaligen Oberfischereiamtes wird für 1910 der Fang von 405 000 kg Aalen, 173 000 kg Hechten, 58 000 kg Zander und Hunderttausenden von Zentnern anderer Speisefische angegeben. In den Landseen, die früher ebenfalls dem Staate gehörten, wurden hauptsächlich Hechte, Zander, Barsche, Bleie, Schleien, Plötzen und Karauschen gefangen.

Der Aufschwung der Küstenfischerei fällt in jene Jahre des späten Mittelalters, als sich die Landesherren bemühten, die große Einfuhr von Salzheringen aus Norwegen, Holland und Schottland, die eines der ertragreichsten Hansa-Monopole bildete, einzuschränken. Obwohl schon damals die Heringszüge nicht mehr so üppig waren wie im 12. und 13. Jahrhundert, mußten die Fischer lernen, die Heringe selbst zu salzen und zu verpacken. An sich waren den Usedomer Fischern diese Methoden nicht neu; denn schon der Biograph des Bamberger Bischofs berichtet, daß die Wenden an der Küste das Einsalzen der Heringe kannten.

Hochbetrieb herrschte in den ersten Jahrzehnten des 19. Jahrhunderts am Usedomer Strand. Landsleute des Holländers Willem Beuckels, der das Pökeln der Heringe erfand — er wurde um dieser Erfindung willen von Karl V. so verehrt, daß der Kaiser anno 1556 nach Buvlievet in Flandern reiste, nur um dort das Grab dieses großen Mannes zu sehen (wie Heine in der „Harzreise" erzählt) —, lehrten den Usedomer Fischern neue Salzungsverfahren.

Das dazu benötigte Steinsalz überließ der Staat den Fischern zum Einkaufspreis; um aber zu verhindern, daß die Fischer mit dem Salz ihre eigenen Suppen würzten, wurden längs der Küste Salzhütten und Heringspackhäuser erbaut.

Bei den Salzhütten von Zempin, die heute den Fischern als Geräteschuppen dienen, traf ich im Vorjahre den 83jährigen Fischer Julius Walter. Auf einen derben Stock gestützt, stand er in den Dünen, um ein wenig auf das Meer hinauszuschauen, auf dem er ein Menschenalter lang zu Hause gewesen war. Nun hatte er sein Tagewerk getan, und daß es kein leichtes war, sah man seinem zerfurchten Gesicht und den gebeugten Schultern an. Man konnte mit ihm nur schwer ins Gespräch kommen. „As süll ick grot vertellen? Ick häfft nich väl erläwt!" wehrte er ab.

Später als die Tage schon kürzer wurden, besuchte ich ihn einmal in seinem Häuschen, dort, wo die ältesten Häuser des Dorfes stehen. Viel sprach er auch diesmal nicht, aber ich merkte, daß in ihm noch ein großes Stück Vergangenheit lebendig war. Während wir draußen vor dem Hause saßen und der Blick des Alten nachdenklich über das Achterwasser strich, begann sich seine Zunge zu lösen, und die weite Wasserfläche vor uns belebte sich unter seinen Worten auf merkwürdige Weise. Nun endlich erzählte Julius Walter von den „ollen Tiden", als er und seinesgleichen beim Schein des Kienfeuers, das im Vorderteil des Bootes loderte, mit den langen Fischspeeren die geblendeten Fische stachen. Ein Boot lag dicht neben dem anderen, ein Bild, das südlicheren Breiten zu entstammen schien.

Lautlos glitt von Zinnowitz her eine Lichterkette übers Wasser, dann noch eine zweite. Doch das waren nicht die Boote der Zempiner, die zum „Blüsen" ausliefen, sondern lampiongeschmückte Motorschiffe mit lachenden Menschen an Bord. Der Wind wehte ein paar Harmonikaklänge zu uns herüber. Julius Walter brannte sich eine Pfeife an, der Lichtschein huschte flüchtig über sein Gesicht, dann erzählte er weiter.

Auch im Winter, wenn die Fischer Eislöcher in die gläserne Decke des Achterwassers schlagen mußten, um den Aal aus dem Moder zu stechen, war Julius Walter dabei gewesen. Selbst dann, wenn die Hände starr vor Kälte das Gefühl verloren, war jeder Griff bedacht und geschickt. Und so wie beim Aalstechen war es auch, wenn die Zempiner mit dem Wintergarn fischten und das Netz unter der Eisdecke von einem Loch zum anderen zogen. „Tje, dat wieren slichte Tiden. Kein Geld un immer nur Brod un Käs un Sünndag Hiering!" Und immer wieder erzählt der Alte von der Arbeit; denn der Kalender des Fischers kannte und kennt keine müßigen Tage. —

Im Frühjahr, das hier im Norden später einzieht als in Mitteldeutschland, mischt sich die steife Brise, die vom Meer herüber durch die Dünen streicht, mit dem frischen Geruch von Teer und Farbe. Die Boote stehen kieloben aufgebockt und werden gewaschen, kalfatert und geteert. Auch die Netze und Segel werden präpariert, um ihre Haltbarkeit zu erhöhen.

Dann, im März, April beginnen die ersten Heringszüge. Nicht weniger erwartungsvoll als die Küstenfischer weisen die hungrigen Möwen den Booten den Weg zu den Fanggründen. Doch die Fischer würden ihren Weg auch ohne die gefiederten Lotsen finden; denn ebenso wie das feste Land hat die See ihre Karte, worauf die Berge und Täler, Straßen und Wege verzeichnet sind. Die Usedomer wissen aus Erfahrung, daß die „Vinetabank" und die Klippen bei Koserow, das „alte Bollwerk" vor Ückeritz und das „neue Bollwerk" vor Ahlbeck gutbesetzte Laichplätze des Herings sind.

Hier stellen sie ihre Treibnetze auf, die acht bis zehn Stunden, oft über Nacht (da der Nachtfang besonders ergiebig ist) auf hoher See stehen bleiben. Die Maschenweite der Netze ist so berechnet, daß die Heringe wohl mit dem Kopf, aber nicht mit dem Körper hineinpassen und sich mit den Kiemendeckeln — wie mit Widerhaken — festhängen. Nur in selteneren Fällen bedient man sich des Schleppnetzes, der sogenannten Heringszeese. Der steinige Grund der Ostsee gestattet ihren Gebrauch nur in geringem Umfange. Im Juli verschwindet der Ostseehering, als fürchte er den Badebetrieb der „Hochsaison", und kehrt erst im September in Küstennähe zurück, wo er bis November bleibt.

Obwohl der Hering ein harmloser Geselle ist, hat er mancherlei Feinde. Es ist so, wie Karl Ewald in seinem reizenden naturkundlichen Märchen „Der kleine Hering" den alten Fischer Ole sagen läßt: „Wenn der Hering nicht kommt, so hängt es damit zusammen, daß die Wale und Möwen und Dorsche ihn hier nicht hereintreiben." Auf die gefräßigen Räuber des für den Menschen so nützlichen Herings müssen die Fischer Jagd machen, besonders

auf Dorsch und Makrele, deren Fanggebiete sich bis zur Südküste Schwedens erstrecken. Beide können fast das ganze Jahr über gefangen werden.

Die volkswirtschaftliche Bedeutung des Dorsches wurde erst viel später als die des Herings, etwa um die Mitte des vorigen Jahrhunderts, entdeckt und ist seit 1945 noch wesentlich gestiegen. Nicht nur als wohlschmeckender Speisefisch, sondern auch als Lieferant des bekannten aus der Dorschleber hergestellten Medizinaltrans kommt ihm große Bedeutung zu.

Noch gefährlichere Fischräuber als Dorsch und Makrele sind Wal und Seehund, die in früheren Zeiten den Ostseefischern großen Kummer bereiteten. Wie Micrälius, ein mittelalterlicher Chronist, berichtet, tummelten sich noch zu seiner Zeit vielhundertköpfige Seehundfamilien auf den Sandbänken in den Odermündungen und an der Küste. Ein Walfisch wurde um das Jahr 1360 bei Damerow an die Küste getrieben und gefangen. Von seinem Fleisch konnten 360 Fässer Tran gesotten werden. Die Rippen des Fisches schickte der Herzog „Wunders halber" nach Wittenberg, Brandenburg und in andere Residenzstädte.

Kurz nach Beginn des Heringsfanges setzt im späten Frühjahr der Fang von Plattfischen ein, der in der Ostsee an erster Stelle steht. Diesmal nehmen die Boote aus Ahlbeck, Ückeritz und Koserow Kurs auf die Oderbank, die als eines der Hauptverbreitungsgebiete der Flunder und ihrer nächsten Verwandten, der Scholle und Kliesche, gilt.

Der Flundernfang wird mit einem Schleppnetz, Triebgrundzeese genannt, betrieben, das an einem Tage mehrere Züge ermöglicht. Um der Verringerung des Fischbestandes vorzubeugen, setzten die Dänen im Jahre 1928 im großen und kleinen Belt 1 400 000 Nordseeschollen aus.

Heller, der Chronist der alten Hansestadt Wolgast, nennt nicht weniger als 37 Fischarten, die vor Usedoms Küsten gefangen werden. Die größte Nachfrage gilt dem Aal. Der Aal ist ein eigenartiger Bursche, ein typischer Wanderfisch, der regelmäßig im 3. bis 4. Lebensjahr aus dem Meere ins Süßwasser aufsteigt, sich dort 5 bis 12 Jahre aufhält und schließlich wieder ins Meer zurückkehrt, um zu laichen. Wenn sich ihm auf seinem Wege ein Hindernis entgegenstellt, legt er zuweilen auch größere Strecken auf dem Trockenen zurück, was ihm unter der Landbevölkerung den Namen „Erbsenpflücker" eingetragen hat. Man sagt, daß er auf seiner Wanderschaft einen Besuch im Erbsenfeld nicht verachte. Ich selbst halte das für übertrieben, obwohl dem Aal manches zuzutrauen ist; vermögen doch selbst solche unüberwindlich erscheinenden Hindernisse wie der Rheinfall bei Schaffhausen Aale und Lachse bei ihren Flußpartien nicht aufzuhalten. Die Laichplätze des Aales befinden sich recht weit von Usedom entfernt, jenseits des Ozeans, etwa vor dem Golf von Mexiko. Den Usedomer Fischern ist der „Muschelgrund", einige Seemeilen vor Ahlbeck gelegen, als Aalfangplatz gut bekannt.

In früheren Zeiten fing man den Aal in Reusen, das sind große, in drei bis fünf Bügeln ausgespannte Fischsäcke, die sich nach hinten zuspitzen und in Fangkammern auslaufen. Die Reusenfischerei gehört zu den ältesten Fischfangarten. Seit einiger Zeit ist man, nach dem Vorbild der Mönchsguter Fischer, auch auf Usedom zur Schnurfischerei übergegangen. Überhaupt gibt es wohl kaum einen zweiten Berufszweig, der so verschiedenartig ausgeübt wird wie die Fischerei.

Die Schnurfischerei ist freilich eine recht umständliche und zeitraubende Methode. Schon am frühen Morgen, manchmal auch in den Nachmittagsstunden, fahren die Fischer langsam und immer wieder wendend längs der Küste. Dann zerbrechen sich die Uneingeweihten am Strand die Köpfe, was das wohl zu bedeuten habe. Noch mehr aber mögen sie sich verwundern, wenn sie am späten Abend einem Fischer mit geschultertem Spaten im Walde begegnen oder ihn beim Laternenschein in seinem Garten graben

sehen. Beide Male sucht der Fischer den nötigen „Bestich" für seine Angeln. Im Wasser: Gründlinge, Stichlinge und Stint; in Garten und Wald: Regenwürmer!

Frauen und Kinder richten die Angelschnüre an der Klemme zu, die einem kleinen Galgen ähnelt, und reihen sie in flachen Holzschalen, den Mulden auf. Nachdem diese Vorarbeiten beendet sind, fahren die Fischer hinaus, um die Leinen auszulegen. Eine Angelschnur von fünfhundert Metern Länge, an der mit einem Abstand von je drei Metern eine Aalschnüre mit dem „bestickten" Angelhaken neben der anderen sitzt, bildet eine „Einheit". Gewöhnlich setzt ein Fischer fünf Einheiten, die man auf dem Haff auch „Mollen" nennt. Das ergibt, wie sich leicht ausrechnen läßt, eine ganz stattliche Länge! Erst in der Frühe des nächsten Tages zeigt sich beim Heben der Angeln, ob die aufgewandte Mühe gelohnt hat.

Ganz gleich, auf welche Art der Fischer seinen Fang einbringt, immer sind das Boot und die Netze sein größter Stolz und sein ganzer Reichtum. Das Boot verlieren war jahrhundertelang gleichbedeutend mit dem Verlust der Freiheit. Ein verlorenes Netz jedoch bedeutete für die ganze Familie weniger Brot auf dem Tisch und noch weniger Schlaf in den langen Winternächten. Auch davon erzählte mir der alte Walter, während seine Hände geschickt mit dem Garn umgingen und Knoten in ein zerrissenes Netz knüpften, das vor ihm auf dem Boden lag. „Dat makt Spaß!" antwortet er mir, als ich ihn fragte, ob die Arbeit für ihn nicht recht ungewohnt und anstrengend sei. Und nachdem er ein weiteres Dutzend Knoten geknüpft hatte, setzte er hinzu: „Aewer früher kümmt uns arm Kinner ut de Angst gor nich rut!"

Und dann erzählte Walter, wie sie dazumal an den langen Winterabenden, während der Sturm ums Haus pfiff und an den Fensterläden rüttelte, um den „Knüttstock" saßen. Beim flackernden Schein des offenen Kaminfeuers oder eines harzigen Kiens, der die Decke schwärzte, knüpften alt und jung bis in die Nacht hinein Netze. Das Flachsgarn zerschnitt die Finger, und die Augen stierten aus geröteten Lidern, während Großmudding in der Ecke saß und Geschichten erzählte oder leise vor sich hinklönte. Viele hundert Knoten wurden an einem Abend geknüpft — doch was war das schon, wenn zu einem 56 Meter langen und 5 Meter breiten Netz viele tausend Knoten gehörten. Erst dann konnte es zu den anderen in die Truhe gelegt werden; mindestens zehn neue Netze wollte sich der Vater anschaffen, um im Sommer versorgt zu sein. Nun erst verstand ich, warum der Alte heute sagte: „Dat makt Spaß!"

Sie alle, die auf der Insel wohnten, mögen aufgeatmet haben, als es dem Chemnitzer Maschinenbauer Kurt Hermann Findeisen gelang, den Franzosen einen Netzwebstuhl nachzubauen. Doch das Netzeflicken gehört noch immer zu den Beschäftigungen der Fischer, ebenso wie das Strümpfestopfen zu denen der Fischerfrauen gehört. Beide hoffen, daß diese Mühseligkeiten eines Tages ebenfalls ein Ende haben werden. Sie hoffen nicht ohne Grund, denn Perlon, die Erfindung unseres Zeitalters, bringt auch einen alten Traum der Fischer seiner Erfüllung näher: unzerreißbare Netze. —

So wie der Netzwebstuhl den Knützstock auf den Dachboden verbannte, so hat sich noch manches andere im Laufe der Zeit geändert. Selbst die Bootsformen sind heute anders als früher. Die Küstenfischerei hat sich im Laufe der Zeit ihre eigene Bootsform geschaffen! Das schnittige, seetüchtige Strandboot, von dem es auf Usedom zweihundertfünfzig mit Motorantrieb gibt, hat den breitgebauten „Heuer", den man recht oft auch zum Heufahren über das Wasser benutzte, auf stillere Gewässer verdrängt.

Die Fischer, früher verschiedenen Gilden zugehörig, wie der St.-Johannisgilde, der Tuckerfischer in Osternothafen, schlossen sich nach 1945 zu Fischwirtschaftsgenossenschaften zusammen. Von den 700 Fischern, die auf Usedom ihren Beruf ausüben, gehören allein der Ahlbecker Genossenschaft über 30 % an. Vom Angelhaken bis zum Boot erhalten sie alles, was sie brauchen, von der Genossenschaft, der sie ihre Fänge abliefern. Die Zeiten, da sie mit den Heringsjobbern um den Preis ihrer Fänge feilschen mußten, sind vorbei. Die Betriebe der Fischverwertungsgenossenschaften, die auf Usedom ebenfalls heimisch sind, warten schon auf die Ablieferung. Die in Usedom und in Trassenheide zubereiteten Marinaden, Konserven, Räucherwaren und Bratfische werden in alle Teile der Republik versandt.

Bedenkt man, daß das jährliche Fangsoll der Usedomer Fischer nicht weniger als etwa 24 000 Doppelzentner beträgt, so kann man sich vorstellen, daß es in den modern eingerichteten Fischverwertungsbetrieben alle Hände voll zu tun gibt. Auch im Vergleich zu dem Gesamtfang von Heringen und Plattfischen im deutschen Ostseegebiet, der 1925 131 000 Doppelzentner und 1947 155 000 Doppelzentner betrug, kann sich diese Zahl sehen lassen. Mehr noch: die Usedomer Fischer können stolz auf ihre Fangergebnisse sein, galt doch die Ostsee in der Nähe der Küste nach dem Ende des zweiten Weltkrieges als ziemlich aufgefischt.

Vorbei sind die Zeiten, als die Fischer — wie Julius Walter — für einen Nachtzug auf dem Achterwasser, wobei sie ihr Leben aufs Spiel setzen mußten, oft nicht mehr als eine Mark erhielten. Wie Koch in seinem Büchlein „Strand und See" berichtet, ertranken allein von 1850 bis 1870 26 Ahlbecker Fischer, in deren Familien Not und Elend einzogen, weil es noch keine Versicherungen und Renten gab. Heute sind in der DDR die Fischer in sozialer Hinsicht den Werktätigen in den Betrieben völlig gleichgestellt.

Trotzdem brachte das Jahr 1949 den Usedomern viel Kummer. Schwere und langanhaltende Nordost- und Nordweststürme zerschlugen allein in Ahlbeck dreißig Boote. Damals verlor auch Hermann Kruse, von dem ich schon erzählt habe, sein Boot. Der Sturm zerrte das fest vertäute Boot aus den Dünen zwischen Ahlbeck und Heringsdorf, riß es gleich den vielen anderen mit sich fort und schleuderte es bei Swinoujscie an den Strand . . .

Zum Glück waren 1950 und 1951 nicht nur gute Heringsjahre, sie brachten auch reichen Aal- und Flundernfang, so daß in die Hütten der Betroffenen bald wieder neue Hoffnung einkehrte. Gegenseitige Hilfe hat die Scharten und Schrammen des Sturmjahres 1949 längst ausgewetzt, und die Stärke des Gemeinschaftsgefühls, das unter den Fischern seit Generationen heimisch ist, kann einem ganzen Volke Vorbild sein.

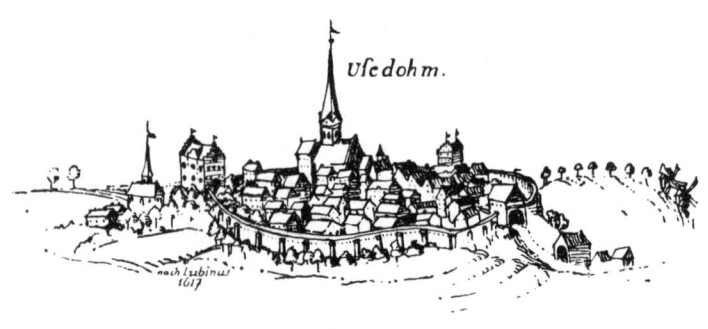

usedohm.

nach Lubinus 1617

Unerschöpfliche Natur

Im „Haus der Heimat" der alten Universitätsstadt Greifswald, einem der schönsten Heimatmuseen an der deutschen Ostseeküste, ist eine der ältesten und kunstvollsten pommerschen Landkarten zur Schau gestellt. Sie verdankt ihr Entstehen einem Auftrag des Statthalters Philipps II., einem der Neuenkirchen von Mellenthin, und der begabten Feder des Rostocker Professors Eilhard Lubin, als Gelehrter nach der Sitte der Zeit Lubinus genannt. Interessanter als der weitverzweigte Stammbaum der Greifenherzöge und die mehr als dreihundert Wappen des mecklenburgisch-pommerschen Adels, die das zwölfteilige Kartenwerk schmücken, sind die Ansichten der mittelalterlichen Städte Anklam, Sczeczin, Wolgast, Usedom und anderer. Die originellen bildlichen Darstellungen der pommerschen Tierwelt jener Zeit zeigen dem aufmerksamen Betrachter der 1618 erschienenen „Lubinschen Karte", daß Usedom seit altersher nicht nur als ein gesegnetes „Fischland", sondern auch als eine wohlbesetzte Wildkammer galt.

Noch heutigen Tages finden sich beim Abstich der Torfmoore aus ihren tiefsten Teilen Überreste der ältesten Landtiere. Da liegen neben den Knochen des Riesenhirsches die von Rentier, Elch, Torfschwein, Wildpferd, Bär und Biber. Dem gefürchteten Thur, dem Auerochsen, den schon das Nibelungenlied als Jagdwild nennt, verdankt das große Verlandungsgebiet des zwischen der Ostsee und dem kleinen Haff liegenden Thur-Bruches seinen Namen. Hier fand man nicht nur Knochenteile, sondern auch die Überreste vermoderter und verkohlter Baumstümpfe. An diese

Fundumstände knüpft sich die Sage vom geheimnisvollen Vogel Greif, der im Thurbruch horstete und hierher als Futter für seine Brut die Kinder aus den umliegenden Ansiedlungen entführt haben soll. Um die gefräßige Greifenbrut zu vernichten, zündete ein armer Kuhhirt den Wald an, der bis auf den letzten Stamm niederbrannte.

Die Umgebung des Bruchs, wo zur Sommerszeit an den Rändern der Entwässerungsgräben zwischen Gagelsträuchern und schmalblättrigen Moosbeeren scharfkantiger Lauch, orangerotes Habichtskraut, Raygras, insektenfressendes Fettkraut und rundblättriger Sonnentau, Milchkraut und das zarte Filigran der Wasserfedern wuchert, bildete bis ins ausgehende 14. Jahrhundert das Jagdrevier des Greifenherzogs Wartislav V. Hier jagte er von Pudagla aus den Auerochs, Bären, Wölfe und Hirsche, Luchse, Kraniche, Schwäne und all das andere Getier, das zur „hohen Jagd" gehörte, deren Ausübung die fürstlichen Herren als angeborenes Recht betrachteten. Auerochsen und Bären sind seit dem 15. Jahrhundert bei uns ausgestorben; Luchse und Wölfe haben sich bis ins 18. Jahrhundert auf der Insel gehalten.

Im Artikel 108 des alten Usedomer Stadtrechtes von 1625 heißt es: „Wer des Jahres drei Wölfe schießt oder tot liefern kann, ist folgenden Jahres von allen bürgerlichen Lasten frei!" Der knausrige Usedomer Magistrat mußte sich schon recht ernstlich durch die damals im Lande herrschende Wolfsplage bedroht fühlen, bevor er sich zu solchen geradezu großzügig erscheinenden Maßnahmen entschloß. Noch im Jahre 1734 waren die Wölfe so zahlreich, daß der Amtmann in Pudagla einen besonderen Wolfsjäger anstellte.

Das zur „niederen Jagd" gehörige Raubzeug Dachs, Marder, Iltis und Wiesel hat sich in den zahlreichen Schlupfwinkeln und Verstecken, die die Insel überall bietet, bis heute erhalten. So treibt Reineke, der Fuchs, noch immer bei Netzelkow auf dem Gnitz sein Unwesen, und die Jagdkommandos der Volkspolizei sorgen dafür, daß die Wildschweinplage im Usedomer Forst nicht überhand nimmt. In den Sumpfgebieten der Odermündung waren bis ins späte Mittelalter auch Fischotter und Biber heimisch, dessen letzte Nachkommen in Deutschland und Mitteleuropa im Gebiet der Mittelelbe zwischen Magdeburg und Torgau leben. Obwohl den Deutschen seit der Einführung des Christentumes durch Bonifatius der Genuß des Bibers bei hoher Strafe verboten war, in Österreich stand im 17. Jahrhundert auf die Biberjagd sogar Galeerenstrafe, bildeten die Biberschwänze, damals ‚Beuerzagele' genannt und unter die Fischspeisen der Fastenzeit gezählt, ein beliebtes Gericht auf der Tafel der Wolgaster und Sczeciner Herzöge.

Das im Mittelalter auf Usedom so zahlreiche Rehwild wurde in der Not des Dreißigjährigen Krieges fast gänzlich ausgerottet und ist erst seit dem 19. Jahrhundert in den ausgedehnten Waldungen wieder heimisch geworden.

In den hohen Buchen auf dem Langen Berg bei Bansin, um deren Wurzeln die weiße Schuppenwurz wuchert, horsteten einst die entengroßen, dunkelgefärbten Kormorane, die besonders um die Mitte des vorigen Jahrhunderts in den benachbarten Fischrevieren großen Schaden anrichteten. Eine der letzten Kormorankolonien ist am Jasmunder Bodden auf der Insel Rügen. Der Beginn einer planmäßigen Forstwirtschaft, die Erweiterung des Straßen- und Wegenetzes, der Bau von Eisenbahnlinien und die durch den Badeverkehr oft entweihte Stille des Waldes haben nicht unwesentlich zur Verringerung des Tierbestandes beigetragen und auch den stolzen Seeadler, den König der Lüfte, von dem heute noch etwa zehn Paare in den Wäldern an der Ostseeküste und an den Mecklenburgischen Binnenseen brüten, aus seinem alten Revier im Ückeritzer Waldgebiet verdrängt. Und so wie der Seeadler sind die am Haff horstenden Fischadler und Fischreiher längst unter Naturschutz gestellt, um den deutschen Küsten ihren lebendigen Schmuck zu erhalten. Gewiß, das alles heißt Verlust, aber zu jeder Jahreszeit bieten sich heute noch auf der Insel dem Naturfreund die herrlichsten Bilder, und dem jungen Naturforscher sind echte Entdeckerfreuden bereitet.

Voller Anmut und Liebreiz zeigt sich die Neuendorfer Gegend auf dem Gnitz in des Jahres festlichster Zeit, dem Frühling. Durch das Geäst des Eichholzes wirft das Sonnenlicht grünfarbige Strähnen. Zartgelbe Anemonen blinzeln durch die großen Löcher im dicken Pelz des Mooses. Süß duften Waldmeister und Veilchen. Strahlend weiß, wie frischgefallner Schnee, öffnen sich am Rande des Waldes weite Maiglöckchenwiesen. Maiglöckchen... Als der Gnitz noch den Lepels gehörte, mußten die Bauern die süßduftende Pracht in große Weidenkörbe verpacken, die zum Verkauf nach Berlin geschickt wurden. Das war einmal...

An längst vergangene Zeiten erinnert auch das geheimnisvolle „Salomonssiegel", das hier im Sommer neben dem großen Nixkraut und dem Gagelstrauch wächst. Schon im frühen Mittelalter

war diese Pflanze als „Springwurz" bekannt, und man erzählte sich von ihr, daß sie zu verborgenem Reichtum führte. Hier in dem Rohrdickicht und den Riedgraswiesen am Achterwasser ist auch der Kiebitz zu Hause, der manchmal schon Ende März, bevor die Maiglöckchen ihre Blüten öffnen, die ersten Eier ins Nest legt.

Kraftvoll schön, Wind und Wetter trotzend, ragen auf dem Gnitz zwei alte Eichen empor, deren Vorfahren, angeführt von der Espe und von Birke, Kiefer, Erle, Linde, Ulme und Buche begleitet, nach dem Rückzug des Eises ins Land einwanderten und seßhaft wurden. Eichen, knorrig und alt wie die, von der Fritz Reuter in „Hanne Nüte" erzählt:

> Ik weit einen Eikbom, de steiht an de See,
> de Nurdstorm de brust in sin Knäst:
> stolz reckt hei de mächtige Kron in de Höh,
> so is dat oll dusend Johr wäst!

Von breiten, dunkelgrünen Blättern getragen, schwimmen auf dem romantisch-verträumten „Mümmelken-See" bei Bansin gelbe Seerosen, die auch dem Mümmelken-Beek bei Mönchow im Usedomer Winkel den Namen gaben. Dort am Ufer des Peenestromes sind die nach der Vergletscherung aus dem Norden bei uns eingewanderten Zwerghimbeeren, das nordische Moosglöckchen, die Mehlprimel und das nordische Labkraut heimisch geworden. Auf den Landkarten freilich sucht man diese verschwiegenen Plätze vergeblich. Man muß selbst danach suchen...

Zauberhaft schnell und bunt wechseln die Bilder, von denen eines schöner, heller, eigenartiger als das andere ist, so in der Waldgegend südöstlich Ahlbecks, um Wolgast-See, Zernin-See und Golm, von der Krug von Nidda, ein vergessener Dichter der romantischen Schule, schrieb: „Gern möchte man hier im stillen Anschaun dieses Zaubersees, der mich an Fouques ‚Undine' erinnerte, ein Jahr, mindestens einen Lenz sich Hütten bauen und wie Ritter Ringstetten seinem Feenkinde, der Phantasie, hier Kränze winden..." Verschwenderisch hat die Natur aus ihrem unerschöpflichen Füllhorn an die schweigsamen Buchten der glänzenden Weiher die seltensten Pflanzen ausgestreut. Neben dem ausdauernden Büngelkraut, der vierblättrigen Einbeere und der bunten Kronwicke mit den weiß-rot-violetten giftigen Blüten wächst die aus den tatarischen Steppen eingewanderte gemeine Spitzklette. Unter den quirligen Stengeln des an urweltliche Zeiten erinnernden Schachtelhalms breitet sich das herzblättrige Zweiblatt, leuchten die Beeren des giftigen Christophskrautes und der Bärentraube, wuchert zwiebeltragende Zahnwurz und Mauersteinbrech.

Farne der verschiedensten Art bilden einen undurchdringlichen Dschungel, in dem Reh und Wildschwein sichere Verstecke finden. Da steht der Adlerfarn, im Volksmund „Fahr" genannt und in manchen Gegenden fuderweise als Stallstreu gemäht, und darunter der kleinere Tüpfelfarn, dessen süßlicher Wurzelstock als „Engelsüß" in der alten Volksmedizin eine große Rolle spielte. Sie alle überschattet mit seinen langen fächerartigen Blättern der unter Naturschutz stehende Königsfarn. Selbst die scheue Wasseralle fühlt sich in solch zwielichtigem Dunkel wohl verborgen. Häufiger als diese ist das ihr verwandte grauschwarze Bläßhuhn. Breitschnablige Löffelenten, spitzschwänzige Spießenten, Schellenten und die kleinen, bei uns überwinternden Krickenten bilden eine fröhlich schnatternde Gesellschaft. Bekassine, auch Pfuhlschnepfen genannt, bohren mit ihren spitzen Schnäbeln in dem weichen Boden nach Würmern und fliegen aufgescheucht von unseren Schritten mit einem zornigen „Kähtsch" davon.

Die flinke Rohrweihe scheint ärgerlich darüber zu sein, daß man sie dem dummen Bläßhuhn, der gefräßigen Krähe und dem frechen Sperling gleichsetzt, wo sie doch eine so schöne Stimme hat. Schon von weitem hört man ihren dreisilbigen Wachtelschlag „Pick-per-wick", der wohl so viel wie „Flick de Bücks" bedeuten soll.

Eichelhäher und Bussard, Specht, Kuckuck, Waldkauz, Baumläufer und Meisen, Sperber, Falke und Habicht nisten in der grünen Wölbung der Buchenwipfel und Eichen, unter denen die Kinder der Fischer im Sommer nach Preiselbeeren, Heidelbeeren und Pilzen suchen, die es in den ausgedehnten Waldgebieten der Insel in Fülle gibt. Fast scheint es, als hätte hier jedes Ding einen anderen Namen. Die Heidelbeeren werden „Beesing" genannt, die Pilze auf Plattdeutsch „Poggenstol", und „Lignon", der Name der Preiselbeere, stammt gar noch aus der Schwedenzeit. Hier im weiten Waldrevier, das das dichtgewordene Laub in einen dämmrigen Schatten hüllt, huscht zuweilen eine Kreuzotter über den Weg, die trotz ihrer großen Verbreitung in Mitteleuropa zu den Eiszeitrelikten gehört.

Auch die Umgebung des Streckelberges wartet mit „Besonderem" auf. Um die Stämme alter Bäume schlingt sich die schmarotzende, nelkenduftende Sommerwurz, dicht dabei stehen große Sterndolden, wohlriechende Reseda und die aus Mexiko stammende gebräuchliche Schwalbenwurz mit ihren seidenweichen, langen Samenfäden, die in größeren Mengen geerntet, ein prächtiges Füllmaterial für Kissen abgeben. Das Schönste aber sind die verschiedenen Orchideenarten und seltenen Knabenkräuter, die unter Naturschutz stehen.

Von anderer Art zeigt sich das spätsommerliche Trassenmoor, von dem die Sage geht, daß in ihm einst ein Förster namens Trassen, der zur Nachtzeit einem geisternden Irrlicht folgte, ertrunken sei und sich zuweilen heute noch, den Kopf unterm Arme tragend, zeigen soll. Ohne furchtsam zu sein, hat man doch ein eigenartiges Gefühl, wenn man bei stürmischem Wetter um die Mitternachtsstunde durch den stöhnenden Wald, über die Fangarme der Wurzelstöcke stolpernd, von Trassenheide nach Zinnowitz geht; obwohl mir selbst der alte Trassen noch nicht begegnet ist.

Am Tage aber erglühen die stillen Reize der Heidelandschaft in aller Pracht. Der Wind schaukelt die hellroten Blütenköpfe der Kuckuckslichtnelken und kämmt die weißen, fülligen Büschel des Wollgrases, das zwischen Sandseggen, Sumpfporst und Kunigundenkraut wächst. Hier, wo eine ausgesprochene Hochmoorflora heimisch ist, was auf mineralsalzarmen Boden schließen läßt, leuchtet an den frühen Spätsommerabenden lilarot die Heide. Oft steht sie in derben Büscheln so dicht zusammen, daß sie kleine Hügel, die Bülten, bildet, auf denen man trockenen Fußes bis tief in das Moor vordringen kann.

Unversehens überschattet die Heideeinsamkeit das Gemüt; sie mahnt an den Abschied, den Abschied vom Sommer und vom lachenden Strand. Aber noch ist es nicht so weit, und schneller streben wir den nahen Dünen zu...

Endlich, da sind sie wieder: das wohlig rauschende Meer in seinem vielfältigen Farbenspiel, der weiche und schimmernde Sand mit seinen grotesken Runzeln, den „Rippelmarken", und die feine, sanft geschwungene Uferlinie, die weit ausgestreckten Armen gleicht. Wahrlich, Ferdinand Gregorovius, der große Meister der Landschaftsschilderung, schuf ein bleibendes Bild, indem er die Ostseeküste mit einem „naturfrischen, schönen Volkslied" verglich.

Von seiner Melodie erfüllt, gibt es hier am Strand der Natur nicht weniger Geheimnisse abzulauschen als auf dem Gnitz, am Zernin-See, am Streckelberg und im Trassenmoor. Schwerer als das Dasein der Maiblumen und Veilchen, des Goldsterns und der Glockenblume gestaltet sich das Leben der Pflanzen am Meer. Zäh, verbissen und mit List geführt ist der Kampf, in dem die unscheinbare Salzmiere, der Meersenf und das Salzkraut auf vorgeschobenem Posten zu Füßen der kuppigen Vordünen gegen Wind, Sand und Wellen stehen.

Artenreicher und vielzähliger ist schon die Flora der nächsten Stufe auf dem Rücken der niedrigen Vordünen selbst. Von Menschenhand sorgsam gehegt und gepflegt, wachsen hier der scharfblättrige Strandhafer, dessen Samen die Isländer zu Brot verbacken, der vollere Strandweizen und das Helmgras, aus dessen spitzen, zitternden Lanzetten die armen Fischer in früheren Zeiten Stricke drehten. Anspruchslos wie diese, durch langgestreckte, im Sand kriechende Grundachsen zu fester Gemeinschaft verbunden und mit jedem Regentropfen, der ihnen zuteil wird, sparsam haushaltend, sind auch die filzige Pestwurz und die großblättrige

Stranderbse. Eine der schönsten und ihrer Nützlichkeit wegen unter Naturschutz stehenden Pflanzen ist die Stranddistel mit den großen, spitzkantigen Blütensternen, deren Symmetrie an frostgehauchte Eisblumen erinnert. Auffallend an all diesen Pflanzen ist ihr dünner, silbergrauer Wachsüberzug, durch den sie sich gegen Verdunstung schützen.

Geradezu üppig erscheint die Flora der dritten Stufe, die Pflanzen und Sträucher in den breiten Mulden und auf den langgestreckten Rücken der oft schon jahrhundertealten Weiß- und Gelbdünen. Unter sturmzerzausten Windkiefern halten Mauerpfeffer und Thymian, Habichtskraut, Beifuß und Strandmelde den unruhigen Quarzsand der Dünen gefangen und verlegen ihm den Weg auf die Felder der Bauern. Hier finden wir auch das Katzenpfötchen mit seinen kleinen Blütenkörbchen aus bunten, unverwelklichen Schuppen. Über ihr Entstehen erzählen die Mütter an der baltischen Küste ihren Kindern ein reizendes Märchen:

Einst forderte der Teufel einen klugen Bauernjungen zum Wettkampf auf, der zeigen sollte, wer von beiden der stärkere sei. Der Junge fürchtete sich nicht und ließ sich vom Dorfschmied einen eisernen Fausthandschuh machen. Damit fand er sich am Kreuzweg ein. Freundlich bot er dem Teufel seine Rechte, und der mochte drücken, so sehr er wollte, der Junge lachte nur; denn der Handschuh saß wie angegossen. „Deine Hand ist hart wie Stein!" schimpfte der Teufel. „Stimmt!" antwortete der Bauernjunge, „das kommt von harter Arbeit!" „Wovon aber ist deine Hand so schwarz wie ein Katzenpfötchen?" „Das kommt vom Mistfahren!" Dann kam der Bauernbursche mit Drücken an die Reihe. Er quetschte die Teufelstatze wie in einem Schraubstock, immer fester, immer fester. Erst als der Teufel auf den Knien gelobte, sich nie wieder in der Gegend blicken zu lassen, gab ihn der Bauernjunge frei und vergrub den eisernen Handschuh am Strand. Weil der Teufel in seinem Übermut die gepanzerte Faust des Jungen ein Katzenpfötchen genannt hatte, erhielt die Blume, die später bei dem Versteck in den Dünen wuchs, den gleichen Namen.

Dicht dabei stehen Ölweiden und der stachlige Stranddorn, an dessen roten Beeren die Sturmmöwen nach dem ersten Frost ihren Hunger stillen. Überhaupt scheint der Magen der kleinen, silberweißen Sturmmöwe nicht sonderlich wählerisch zu sein. Schon am frühen Morgen untersuchen sie in Begleitung hungriger Krähen den Badestrand auf Abfälle und fangen geschickt im Fluge zugeworfene Semmelbrocken auf. Wenn sie auf den Feldern keine Regenwürmer, Käfer oder Mäuse finden, plündern sie die Beerensträucher und Kirschbäume der Bauern, anstatt ihren Hunger mit Muscheln und Fischen zu stillen. Wo man in den Dünen ihr „Gewölle" findet, läßt sich leicht der Speisezettel der letzten Tage ermitteln.

Verwöhnter, aber auf Usedom auch seltener anzutreffen, ist die größere und kräftigere Silbermöwe, die ihre Jungen mit den schwarzen Früchten der Krähenbeere füttert. Geradezu Sperlingsmanieren zeichnen die kleinen Möwen mit dem rußbraunen Köpfchen aus, der ihnen den Spitznamen „Mohrenkopf" eingetragen hat. Mit ihrem richtigen Namen werden sie nach ihrem hellen Schrei Lachmöwen genannt. Sie sind es, die den Badegästen den ersten Gruß des Sommers und des Meeres und die Nachricht vom „Saisonbeginn" oft schon bis an die Ufer der Spree entgegentragen und auf den Bahnhofsvorplätzen und Bahnsteigen in Stralsund, Züssow und Wolgast die Ankunft der Ferienreisenden ebenso ungeduldig erwarten wie die Tauben auf dem Markusplatz in Venedig ihre Futterspender.

In unserer Zeit sind die Brutstätten der Möwen auf Usedom recht
selten geworden, während Gadebusch in seiner wiederholt erwähnten Chronik noch berichten kann, daß zu seiner Zeit, besonders auf dem dicht mit Wasserpflanzen bedeckten Kachliner See
am Rande des Thurbruchs, unzählige Möwenscharen brüteten,
deren Eier im zeitigen Frühjahr „in Mengen gesucht und benutzt"
wurden. Die Eier der Lachmöwen waren besonders begehrt und
galten lange Zeit als Leckerbissen und Ersatz für Kiebitzeier. Das
sind aber noch nicht alle Mitglieder der weitverzweigten Möwen-
familie, die uns mit ihrem Gaukelspiel die Tage am Meer ver-
schönern.
Königin im Möwenstaat — und dazu eine recht gewalttätige —
ist die große Mantelmöwe mit dem tiefschwarzen Mantel auf der
Oberseite ihres Gefieders. Nicht selten erreicht sie die Größe eines
Adlers und eine Flügelspannweite bis zu zwei Metern. Ihre kleinere Schwester, die ihr zum Verwechseln ähnelt, ist die Herings-
möwe. An den Küsten Skandinaviens nistend, kommt die Mantelmöwe nur besuchsweise an unsere Küste und plündert hier als
ein gefährlicher Raubvogel die Nester anderer Seevögel. Aber es

gibt wohl kaum ein schöneres Bild als eine Staffel Möwen, die in ruhigem Flug ein Schiff auf weiter Fahrt über das Meer begleitet.

Noch bessere Segler sind die überall an der Usedomer Bäderküste heimischen Seeschwalben. Mit ihren schwarzen Köpfchen, dem langen, spitzen Schnabel, den schmalen Flügeln und dem typisch doppelspitzigen Schwalbenschwanz unterscheiden sie sich leicht von den größeren Möwen. Da ist zunächst die große Raubseeschwalbe, auch Wimmermöwe genannt, die ihre Beute in kühnem Sturzflug direkt aus dem Wasser holt, dann die Küsten- und Flußseeschwalbe, bei deren Hochzeitszeremonien das Seeschwalbenmännchen der Braut ein kleines, silbernes Tobiasfischchen schenkt, und schließlich die recht seltene Zwergseeschwalbe.

Neue Gäste sind, über das Meer kommend, auch in das alte Jagdrevier der Wolgaster Herzöge im Peenemünder Haken zugewandert und haben den schmalen Küstenstrich und den benachbarten Ruden im wahrsten Sinne des Wortes zu einem „mecklenburgischen Vogelparadies" werden lassen. Hier trifft man zuweilen die kecken lappländischen Limosen und die schönen Austernfischer, die mit ihren blutroten Schnäbeln und dem schwarz-weißen Federkleid ebenso wie durch das eigenartige „quiwiep", das sie sich zurufen, geradezu exotisch anmuten. Hübsche kleine Kerlchen sind die flinken, starengroßen isländischen und Alpenstrandläufer, die ihren Namen nach ihren Brutstätten in den Gebirgstälern Islands und Skandinaviens tragen. In den letzten Jahren haben diese weitgereisten Vögel auch schon an unseren Küsten gebrütet.

Als Eremit unter den Seevögeln gilt der kleine Halsbandregenpfeifer, der sein Nest irgendwo am menschenleeren Strand baut. Sein nächster Verwandter ist der Goldregenpfeifer, ein prächtiger Buntrock, dem die Landbevölkerung der Lüneburger Heide wegen seines melodischen Rufes „thüh — thüih" den Namen „Tüte" angehängt hat. Zur gleichen Familie gehören der Kiebitz- und der Flußregenpfeifer.

Im Herbst kommen mit den Schwärmen der Krammetsvögel, die hungrig von der weiten Reise, die Ebereschenbäume an den Landstraßen plündern und in früheren Zeiten gern geschossen wurden, die großen, braunen Brachvögel — vom Volke „Kronschnepfen" genannt — zu Besuch an unsere Küste. An ihrem langen, krummen Schnabel erkennt man sie schon von weitem.

Freilich ließe sich noch so manches über die stillen, kleinen Freuden des Naturfreundes am Strand, in den Dünen, im Moor und in den Wäldern sagen und schreiben, und es würde der Namen kein Ende nehmen, zählt doch die im Vergleich zu Wald und Moor „ärmliche" Strandflora allein schon weit über vierzig baltische Seestrandpflanzen. Aber dieser Abschnitt soll weder die eigenen Studien ersetzen, noch dem bewährten und in vorzüglicher Neuausgabe vorliegenden Brehm vorgreifen. Selbst dann nicht, wenn mancher, der ein gutes Glas besitzt und die Wildpfade besser kennt, das eine oder andere übergangen sieht.

Ein letztes Wort soll aber noch über die Muscheln gesagt werden, die in unerschöpflicher Fülle den Spülsaum des Meeres bilden. Es sind ihrer so viele, daß wir sie selbst dann nicht zu missen brauchten, wenn die Badegäste statt der kleinen Erinnerungsschachtel einen ganzen Rucksack voll mit nach Hause nähmen. Trotz dieses großen Reichtums zählen wir an der Ostseeküste nur fünf Muschelfamilien.

Schon im ersten Abschnitt dieses Buches war von den verschiedenen Leitfossilien vergangener Ostseeperioden die Rede, so von der Ancylus- und der Litorina-Schnecke, deren letztere noch heute in der Nordsee angetroffen wird. Das gegenwärtige Ostseestadium, das noch nicht das letzte sein wird, hat ebenfalls sein Leitfossil: die gemeine Sand- oder Klaffmuschel (Mya arenaria), deren große, weiße, ausgeschwemmte Schalen zu Tausenden den Ostseestrand bedecken. Wie alle hier gefundenen Muscheln ist auch die Klaffmuschel in der Nordsee heimisch, wo sie mitunter die Größe eines Handtellers erreicht. Das beweist, daß die Höhe des Salzgehaltes des Wassers für die Größe der Muscheln, also für ihre Entwicklung, von ausschlaggebender Bedeutung ist. Besonders beliebt ist die seltene Tellmuschel (Tellina solidula) von zartrosaer Fleischfarbe, deren glatte Oberfläche einem gepflegten — und im nassen Zustand gar einem lackierten — Fingernagel gleicht. Ihr verwandt ist die gemeine Plattmuschel (Tellina baltica). Am häufigsten auf Usedom ist die Kleinform der gerippten Herzmuschel (Cardium edule). Ihre größere Nordseeschwester wird in England gern gegessen und ihre Schalen werden zu Kalk gebrannt.

Nach stürmischer See finden wir in den angespülten Büscheln des Seegrases, der einzigen Blütenpflanze der Ostsee, die durch die Brandung von den Unterwasserwiesen losgerissen wurde, und zwischen Blasentang und sich schnell verfärbenden Algen die schwarze Miesmuschel (Mytilus edulis), die häßliche Rivalin der begehrten Auster. Rivalin der Auster deshalb genannt, weil diese Muschel — im Lebensmittelhandel nach ihrem bevorzugten Wohnplatz an den Pfählen der Seebrücken, an Buhnen und Molen als

„Pfahlmuschel" bekannt — in verschiedenen Ländern gern gegessen wird.

Schon im Altertum war die Miesmuschel ein geschätztes und begehrtes Handelsobjekt. Aus den haarfeinen, spinnfadenähnlichen Drüsenausscheidungen, dem Byssus, mit dem sich die Miesmuschel an ihren Wohnplätzen anhaftet, stellten die alten Ägypter, Griechen und Römer die „Muschelseide" her, ein im gleichen Maße teures, kostbares und dauerhaftes Gewebe, das sie zu Prachtkleidern für Könige und Fürsten verarbeiteten. Die ältesten Byssusgewebe finden sich in den Mumienbinden der Pyramiden.

Wenig beliebt bei den Badegästen und dennoch ein Wunder der Natur sind die im Spätsommer auftretenden „Ohrenquallen". Zarte, gallertartige Medusen von der Größe eines Pfennigs bis zu der eines Tellers, die von den Nordländern „dicker Speichel" genannt werden. Tatsächlich haben die durchsichtigen Körper dieser Tiere einen Wassergehalt von mehr als 99 Prozent. Frisch angespült sind auf der gewölbten Oberseite der Qualle die vier rotgetönten Kreise von Mund, Magen, After und Geschlechtsorganen deutlich erkennbar. Um das Wunder voll zu machen, sind die frei im Wasser schwebenden Tiere, zur Abwehr ihrer Feinde mit kleinen Schußwaffen, den Nesselfäden, ausgerüstet. Diese wirken bei der blauen Nesselqualle, die aber in der Ostsee nicht heimisch ist, so stark, daß sie die menschliche Haut durchdringen und ein schmerzhaftes Brennen verursachen. —

Vor Jahren fand ich in den Dünen bei Koserow eine angeschossene, verendete Silbermöwe. Nach Kinderart gruben meine Kinder ein kleines Grab und schmückten es mit Blumen. Wenige Tage darauf machten wir im Trassenmoor einen ähnlichen Fund; diesmal war es die Schwinge eines Rebhuhns. Gewiß: das sind keine besonderen oder gar aufregende Erlebnisse, aber sie zeigen dennoch deutlich, daß sich allein mit Gesetzen und Verordnungen Schönheit und Reinheit der Natur nicht erhalten lassen. Auch die Möwe und das Rebhuhn sind geschützt und dürfen nur innerhalb genau festgelegter Jahreszeiten von den Jagdberechtigten erlegt werden. Also kommt es darauf an, daß sich jeder mitverantwortlich dafür fühlt, daß die erlassenen Schutzbestimmungen auch eingehalten werden. Wir müssen alles tun, damit — wie schon 1671 bei der Errichtung eines Naturschutzgebietes an der Küste von Schleswig gesagt wurde — „nicht eine der großen Herrlichkeiten, womit die Natur unser Land begabet, mit der Zeit gar vergehen und vernichtet werden möge!"

Aus einer alten Truhe

Viel ist es nicht, was sich in alten, buntbemalten Holztruhen, die in den dunkelsten Winkeln auf den Dachböden der Bauernhäuser ein vergessenes Dasein führen, vom Brauchtum der Väter in unsere Tage herübergerettet hat.

Anderenorts ist es mehr. Volkstracht und Volkstanz der Mönchguter Fischer, die kunstvolle Teppichknüpferei aus Freest, Spandowerhagen und Lubmin am Greifswalder Bodden und das reiche Volkstum der Sorben in der Lausitz sind längst zu neuem Leben erweckt und geradezu Begriff geworden.

Dem, der auf Usedom den Spuren des Alten folgt, lacht schon das Herz, wenn er irgendwo ein altes, wurmstichiges Möbelstück, ein paar irdene Schüsseln und Tassen oder gar einen „auf neu gearbeiteten" Rock aus Großvätertagen entdeckt. Solche Freude ist nicht unbegründet; denn im bodenständigen Brauchtum, in Volkskunst und Volkstracht spiegelt sich die Seele des Volkes am reinsten wieder. Sie sind Ausdruck einer in sich gefestigten, traditionsgebundenen und den gleichen ökonomischen Gesetzen unterliegenden Gemeinschaft.

Auch auf Usedom wurde dieser kostbare Besitz mit Liebe und Sorgfalt gehegt, bis das Zeitalter der Technik die Wurzeln alten Brauchtums zerstörte, Tanzmusik und Rundfunk das Volkslied und den Volkstanz verdrängten, Badebetrieb und Mode die alten Volkstrachten zu einem Blickfang für den Reiseverkehr herabwürdigten und der Schematismus der Gebrauchsgüterindustrie den Nährboden der handwerklichen Volkskunst zerstörte. Nun, nachdem uns längst die Erkenntnis geworden ist, daß die Volkskunst eine der Mutterzellen unseres nationalen Kulturerbes bildet, gilt es auch auf Usedom Vergessenes und Verlorenes neu zu entdecken, sorgsam zu pflegen und weiter zu entwickeln. —

Die Erinnerung an das Gewesene hat sich zwischen Peene und Swine besonders stark bei den Fischern und Bauern im Lieper Winkel erhalten. Freilich, besonders reichlich fließen auch hier, wo das Brauchtum, bedingt durch die abgeschlossene geographische Lage, am tiefsten wurzelte, die Quellen nicht. Doch selbst das wenige genügt, um daran anzuknüpfen, und ermöglicht es dem ernsthaft Suchenden, sich das bunte Bild der Vergangenheit wiederherzustellen.

So machte ich mich an einem regnerisch-grauen Sommertag auf den stillen Weg, der von Liepe nach Grüssow führt; wo ich bei den alteingesessenen Volckswardts mancherlei dieser Art zu finden hoffte. Von einem Haus fragte ich mich in das andere, meist ergebnislos und ohne den stillen Wegbegleitern vergangener Zeiten zu begegnen. Erst gegen Abend ward mir der Lohn des Tages.

Eine alte Bäuerin, die mein Begehren, das ich ihr unterm Hoftor vortrug, nicht als launische Neugier, sondern ernsthaftes Anliegen empfand, führte mich in die „gute Stube". Schade, daß ich ihren Namen vergessen habe; ihr habe ich manches zu danken. Nachdem sie sich eine saubere Schürze vorgebunden hatte, kraxelte sie auf den Oberboden, lieber jedoch wäre ich selbst hinaufgestiegen. Ein wenig enttäuscht sah ich mich in der hellen, sauberen Stube ihrer Kinder um, die sich durch nichts von den einförmigen Mietwohnungen in den großen Städten unterschied. Weder das Radio, noch die Nähmaschine fehlten.

Als das Mütterchen zurückkehrte und das Schönste aus der alten Truhe, von dem ein jedes Stück Erinnerung für sie war, vor mir ausbreitete, waren die Augen in dem runzligen Gesicht voller Glanz. Zuoberst lag ein viertel Dutzend grober, weißer Leinenhemden, weiß wie frisch gefallener Schnee und dabei von einer Größe, die beängstigend wirkte. Das auffallendste daran war das große, rotgestickte Monogramm der Besitzerin über rätselhaften zweistelligen Zahlen: 16, 21, 23. Strahlend vor Stolz erklärte mir die Bäuerin mit ihrer etwas singenden Stimme, daß dereinst nicht weniger als dreißig Hemden zu ihrem Brautschatz gehörten, und jedes einzelne war der Ordnung halber numeriert!

Daneben lag einer von den derben, selbstgewebten und mit „Fusselborden" gesäumten „Umschurzröcken". Die Motten hatten das „Kreppzeug" aus Flachs und Wolle verschmäht, und die schönen Farbtöne der blauen und roten Kanten blieben im Dunkel der Lade erhalten, so daß man die Zweckbestimmung dieses Kleidungsstückes als Unterkleid geradezu bedauern möchte. Zuerst hatte ich geglaubt, daß dies schon einer der vielgepriesenen Kantenröcke der Lieperwinkelschen Tracht sei, dazu aber ist der Stoff zu schwer.

Verblüffend modern wirkten neben den vierschrötigen Hemden die bunten, handgestrickten Strümpfe. Das Kornblumenblau der Längen, mit Taubengrau abgesetzt, und mit dem großen blauen, eingestrickten Monogramm im Abschlußrand war so frisch und lebendig, daß man — selbst auf die Gefahr hin, belächelt zu werden — diese Strümpfe selbst anziehen möchte.

In diesem „Modesalon der Vergangenheit" fehlte es nicht an selbstgewebten Schürzen mit bunten Längsstreifen in den verschiedensten Farben, an Strumpfbändern und „Upschöttels" mit Quasten, die zum Aufschürzen der Röcke bei der Feldarbeit dienten, hergestellt in der uralten, bereits den Ägyptern bekannten Technik des Brettchenwebens. Auf dem Rückweg über Reestow sah ich in einem der ebenerdigen Bauernhäuser selbstgewebtes, buntkariertes Bettzeug und derbe Handtücher im Schachbrett- und Gänseaugenmuster.

Nur nach der heimischen Tracht suchte ich noch vergeblich. Einst hatte freilich auch die alte Grüssowerin eine solche besessen und oben in der alten Truhe sorgsam gehütet. Ein Menschenleben lang gehütet, um sie dann — in den dunklen Jahren des dutzendjährigen Reiches — doch noch und für alle Zeit zu verlieren. Unersetzliches Volksgut wanderte auf dem Wege von der Spinnstoffsammlung in die Wollreißereien. Nur in Warthe haben sich einzelne Trachtenstücke bis heute erhalten.

Ein Hochzeitsfest im Lieper Winkel von anno dazumal mag in seiner satten, farbenprächtigen Derbheit den Gemälden der alten holländischen Bauernmaler geglichen haben. Hochzeit, das war ein Fest, das den ganzen Winkel anging, dessen Bewohner durch eine gewisse „Inzucht" fast alle mehr oder weniger miteinander und untereinander verwandt und verschwägert waren.

Hoch zu Roß ritt der Hochzeitsbitter, mit bunten Bändern und Goldflitter festlich geschmückt, von Haus zu Haus, um die Gäste mit alter wendischer Gastfreundschaft zum Hochzeitsschmaus zu bitten. Wo die Türen groß genug waren, ritt er bis in den Flur oder zuweilen gar in die Stube, um seinen Spruch herzusagen, der mit der Aufforderung schloß: „Und hab' ich mein Bitt' nicht besser angebracht, so werden sie desto besser verstehen und sich desto fleißiger einfinden!" Erwartungsvoll trafen die Frauen und Mädchen die letzten Vorbereitungen und legten die Festtagstracht bereit. Das seidene Brusttuch und das große seidene Umschlagtuch mußten aufgebügelt werden und an dem mit Goldspitzen und Metallplättchen besetzten Häubchen war noch etwas zu nähen.

Am Morgen des Hochzeitstages selbst stiegen die Mädchen freudig erregt in die Wulst mehrerer übereinander gezogener faltiger Kantenröcke mit ihren herrlichen bunten Querstreifen in gelb, grün, blau, rot und schwarz-violett auf blaugrauem und grünem Grund. Die Burschen sagten, daß man an der Zahl der Röcke die Größe des väterlichen Geldbeutels erkennen könne. Statt der groben Alltagsschürze wurde, wie auch an anderen Festtagen, eine seidene mit bunten Längsstreifen vorgebunden. Über das kurze, bunte Mieder fiel die lange Bernsteinkette, der „einzige Schmuck" der Lieperin. Selbst die älteren Frauen mochten an einem solchen Tag den althergebrachten Strohhut oder gar die kegelige Mütze nicht aufsetzen und hüllten sich in das baumwollene grau-lila Festtuch mit der prächtigen Samtapplikation und Perlenstickerei in Form einer Blumenranke im Rückenzipfel.

Weniger Kram machten die Männer. Über das an Kragen und Ärmeln verzierte Hemd zogen sie die rote oder rotbraune Weste mit schwarzen Längsstreifen und eine kurze Ärmeljacke mit blanken Knöpfen. Zeigte sich einer gar in einer neuen roten Weste, dann flüsterte man hinter seinem Rücken, er habe sich diese als „Heiratsvermittler verdient". Nur was die Zahl der weißen Leinen-Pluderhosen anbelangte, so waren die Männer darin nicht weniger umständlich und eitel als die Weibsleut mit ihren Röcken. Drei oder gar fünf Paar Hosen übereinandergezogen waren nichts Seltenes. Ärgerlich war es nur, daß man die Füße statt in die bequemen Holzschuhe in enge Schnallenschuhe zwängen mußte.

Die Lieperwinkelschen Trachten zeigen sich stark verwandt mit denen der Fischer auf Mönchgut, so daß man von einem einheitlichen Trachtengebiet sprechen kann. Es reichte von Ummanz und Hiddensee im Westen bis Usedom im Osten und stand im 16./17. Jahrhundert ebenso stark unter dem Einfluß spanisch-niederländischer wie im 18. Jahrhundert unter dem französischer Modetrachten. Deshalb ist es nicht verwunderlich, daß die Volkstracht im Usedomer Winkel der im Lieperschen bis in Einzelheiten glich. Nur war hier die grüne Farbe beliebter als das wendische Rot.

Zuweilen gingen im Hochzeitszug, der durch das ganze Dorf führte und mit dem Kirchgang seinen Höhepunkt fand, auch auswärtige Gäste. Die Städter erkannte man sogleich an ihrem schlichten Anzug, wie er seit der Französischen Revolution Mode geworden war. Die Männer in langen, bis über die Stiefel gehenden Pantalons und enganliegendem Frack, die Frauen in schlichten, schmucklosen Kleidern, wie es die Kleiderordnung vorschrieb. Seltener entdeckte man im Hochzeitszug einen Studenten aus Greifswald in der altdeutschen Tracht, einem ausgeschnittenen schwarzen Leibrock, Halbstiefeln, zierlichen Spitzenkragen und einem schwarzen Samtbarett auf dem bis auf die Schultern herabfallenden Haar.

Aus der Kirche zurückgekehrt, empfing — einer alten wendischen Sitte entsprechend — ein schlechtgekleideter alter Schäfer oder ein hemdärmliger Hirte mit Schlafmütze auf der Feldgrenze das Brautpaar, wobei er Brot und Salz überreichte oder auch mit einem Glas Wein den Trinkspruch darbot: „Bewahre das Feuer im eigenen wie im väterlichen Hause!" Erst dann begann an der weißgedeckten Tafel das Festessen. Auf welche Weise die Lieperwinkelschen feierten, berichtet schon der biedere Kantzow, der hier wortgetreu wiedergegeben werden soll: „Wan ein Hochzeit wird, da pittet man Freund und Frombd zu, prasset drey, vier, funff und bisweilen mehr Tag aus und aus und schencket dem Preutigam und Braut nichts; schenckt jemand etwas, mag die Freundschaft thun, und das ist etwa ein zinnen Schüssel oder Khanne oder eine Tunne Bier; und wird öffter der gantze Prautschatz verprasset, wann etwas davon erobert."

Ein Hochzeitsfest im Lieper Winkel währt auch heute noch oft von Freitag bis Sonntag. Der Sonnabend gilt dann als Ruhetag, an dem meist geschlafen wird, um sich von den Strapazen des Essens und Tanzens zu erholen. Was die Zahl der Gäste anbelangt, so erzählte mir die alte Grüssowerin, daß auf ihrem Brautfest mehr als fünfzig an den Tafeln gesessen hätten. Das ist keine Seltenheit, bedeutet doch hierzulande eine Gesellschaft mit weniger als vierzig Personen eine „kleine" Hochzeit. Wieviel Gäste zu einer „großen" Hochzeit gehörten, konnte ich leider nicht in Erfahrung bringen.

Zu den beliebtesten Gerichten, die auf keiner Hochzeitstafel fehlen durften, gehörten Hecht und Aal. Obgleich die Brauteltern für Kost und Wein reichlich sorgten, brachte doch jeder Hausvater ein Huhn, ein Netz Fische oder ein Pfund Butter mit.

Unter dem Motto: „Jungfer Braut, sie hat nicht begraben eine Leiche, sondern sie hat bekommen einen Mann, darum wollen wir uns lustig stellen an!" folgte auf das Essen der Tanz, zu dem die oft aus entfernten Dörfern, bisweilen auch aus der Stadt Usedom herbeigeholten Musikanten aufspielten. Zum ersten Tanz forderte der Brautführer die Braut mit den Worten auf:

„Die Stiefel sind geschmiert,
Die Sporen sind geschnürt,
Jungfer Braut, sie sei gebeten,
Jetzt mit mir zum Tanze zu treten!"

Unter dem Hallo der Hochzeitsgesellschaft stieg nun die Braut über den Tisch und trat in den Kreis. Nach dem Vortanz forderten die Gäste ihr Recht. Im Nu waren die Tische beiseitegerückt, und die Paare hatten sich schon längst verabredet. „Lüet, Lüet nu gaht's an..." spielten die Musikanten, und die weiten Röcke der Mädchen wölbten sich in fröhlichem Wirbel zu bauschigen Glocken und ließen die Strumpfbänder sehen. Was Wunder, wenn die Burschen solche Glocken interessanter fanden als die sagenumwobenen von Mellenthin, die zur Mittagszeit „Hanna, Susanna ick goah tau Grund..." singen sollen.

Von nun an kamen die Musikanten kaum mehr zum Verschnaufen. Ein Tanz löste den anderen ab. Nach der Schweden-Quadrille wurden ein „Kegel" und ein „Besen" abgetanzt. Die jungen Mädchen schwärmten für den „Dunkelschatten" und „Sieht sie gern...", die älteren für „Vier Herren und acht Damm's" oder für das derbere „Wenn dor ein Pott mit Bohnen steht un hier'n Pott mit Klüt...".

Immer ausgelassener und fröhlicher geriet die Stimmung. Die Burschen drängten sich um das aufgebockte Bierfaß und ließen den Gerstensaft in die großen, walzenförmigen Fayencekrüge mit den schweren Zinndeckeln rinnen. Die Krüge konnte man kaum verwechseln, denn jeder war mit einem anderen Bild geschmückt. Auf dem einen ging ein Schiff unter Segel, auf dem anderen spielten Musikanten, auf dem dritten hütete ein Hirt seine Herde, der vierte und fünfte war mit einer Landschaft oder mit einem Blumenmotiv dekoriert. Übermütig vom hastigen Trunk, flüsterte ein Bauernbursche dem Trompeter ins Ohr: „Jetzt spielst' ‚Der Schuster flickt die Schuh'...", und ein Fischer aus Warthe bestand darauf, daß jetzt erst „Schüttel-di-Büx" getanzt werden sollte.

Wenn dann der Abend über die Felder zog, spornten die Burschen mit ihrem „Juch!" die Musiker immer feuriger an und sorgten für die obligate Musikbegleitung. An solchen Tagen war der Respekt vor der Obrigkeit, vor dem Gutsbesitzer und dem Amtmann vergessen, und manches Spottlied sprang aus den übermütigen Kehlen. So auch das von dem abgewiesenen Edelmann:

„Seht den eitlen König an,
tralalalala, tralalalala;
leidet recht an Größenwahn
tralalalala!
Laßt ihn ruhig stehen,
wollen doch mal sehen
ob ein Mädchen er erwischt
aus unserem Kreis!"

Und keines von den Mädchen mit den vom Tanze geröteten Backen, denen das Mieder längst zu eng und das Häubchen zu lästig geworden war, dachte auch nur daran, ihren Bauernburschen oder Fischer gegen einen Edelmann zu tauschen. Um die Burschen zu foppen, spielten die Musikanten, diesmal unaufgefordert: „Gah von mi, gah von mi, ick mag di nich seihn..."

Gegen Mitternacht bildeten alle Paare einen großen Kreis. In dessen Mitte stand zum letztenmal im Schmuck des Schleiers die Braut und mußte versuchen, den Kreis zu durchbrechen. Die Brautjungfern sagten ein Gedicht auf, und die Burschen sangen: „Nun seht sie an, nun seht ihr sie zum letztenmal...", dabei zwinkerten sie mit den Augen vielsagend ihren Mädchen zu. Beim Durchbrechen des Kreises verlor die Braut meist ihren Schleier, um dessen Besitz nicht selten unter den Burschen Geraufe anhob. Zum Zeichen ihrer fraulichen Würde mit dem Perlenhäubchen geschmückt, verzehrte die Braut an der Seite ihres Mannes — nach uraltem Wendenbrauch — den „Brauthahn", und während die Musik erneut zum Tanze lockte, schlich sich das Paar heimlich in die Brautkammer.

Am Sonntag ging es meist noch übermütiger zu, und die jungen Eheleute mußten sich manch scherzhaften Hinweis auf den großen Stein im Lieper Winkel gefallen lassen, aus dem die Großmutter, wie man die Hebamme hierzulande nannte, die kleinen Kinder holt. In Erwartung des großen, bunten Patenbriefes trennte man sich am frühen Morgen und ging vergnügt auseinander, weil doch spätestens übers Jahr das „Kindelbier" zu erwarten stand.

In Wolgast ging es an solchen festlichen Tagen ruhiger zu. Schon 1686 hatte das Hofgericht ein strenges Mandat von den Kanzeln verlesen lassen, das dem „dritten Stand", den Handwerkern, Fischern und Bauern, bei Hochzeiten außer Brot und Butter nur ein Essen erlaubte. Wein war überhaupt von der Hochzeitstafel verbannt und blieb nur den höheren Ständen vorbehalten. So begannen die Hochzeiten in Wolgast, Greifswald und anderen Städten meist erst am Nachmittag und waren mit dem Abendessen beendet.

Obwohl es im Lieper Winkel nur selten vorkam, daß eine Bauerntochter über die Grenzen des Kirchspiels hinaus heiratete, mußte sich die Braut verpflichten, ihre Tracht beizubehalten. Nicht anders war es, wenn ein Lieper seine Braut von auswärts holte. Doch selbst diese strengen, ungeschriebenen Gesetze vermochten nicht zu verhindern, daß die Winkelsche Tracht heute so gut wie vergessen ist...

Fröhliches Treiben herrschte auch in der Fastnachtszeit auf der

Insel. Schon am Vortage schoben die Frauen das Blech mit den Brezeln und anderem kreuzförmigen Gebäck in den Ofen, um am Fastelabend damit versorgt zu sein. Mit geschmückten Ruten zogen die Kinder im Usedomer Winkel am Fastelabend singend durch die Dorfstraßen und brachten den Bauern ein Ständchen, die vor den dampfenden Schüsseln mit Grünkohl und Lungwurst bei Tische saßen.

Im Lieper Winkel begnügten sich die Kinder nicht mit den geschmückten Ruten, sondern wickelten sich in Erbsstroh, so daß ihr Zug einem wild gewordenen Kornfeld glich. An solchen Tagen half kein Bange machen vor dem ,Bummellux', dem schwarzen Mann, da beherrschten die Kinder die Straßen.

Nicht weniger beliebt waren das Osterfest und das Erntefest, das die Bauern „Orn"- oder „Austklatsch" nannten. Natürlich muß zum „Ornklatsch" ein fettes Schwein auf der Leiter hängen, so daß die Lieperwinkelschen mit Recht behaupten: „De schönsten Festtag sünd Wihnachten, Ostern un Swienslachten!" Zu Weihnachten, wenn der Schnee das Land mit seinem schimmernden, alle Unterschiede verlöschenden Weiß bedeckte, bereitete den Kindern das „Julklappschnicken" besonderen Spaß. Das sind kleine, sorgsam verpackte Scherzpakete, die man in das Haus der Bekannten und Verwandten trug. Auf diese Weise beschenkten einmal die Lieper Kinder ihren Lehrer mit einem Schweineschwänzchen, dessen künftigen Verwendungszweck sie in folgendem Verschen darlegten:

> „Hier, du alter Gassenlümmel,
> hast'n lütten Pfeifenstümmel;
> denn am langen Winterabend
> mußt du was zu rauchen haben!"

Welchen Ausgang diese Geschichte genommen hat, ist freilich nicht überliefert. —

Volkskunst und Brauchtum sprechen nicht nur aus Lied, Tanz und Festtagsbräuchen, sondern auch aus den leblosen Dingen, die zuweilen noch in den Stuben stehen. Das hat die alte Truhe schon gezeigt. In Grüssow fand ich noch anderen Hausrat aus längst vergangenen Tagen. Da stand in einer der blitzblanken Bauernküchen neben dem modernen, weißlackierten Elektroherd ein alter Tellerschrank mit übergebautem „Tellerschapp". Und hier und da waren noch eine lange Seitenbank mit geschnitzten Sprossen, der geschachtelte Eckschrank, das Milchspind, Stühle oder gar buntbemalte Wiegen im Gebrauch, aus denen schon ganze Geschlechter hervorgegangen sein mögen.

Die Lieperwinkelschen Burschen verstanden mit ihren schweren, arbeitsharten Händen ebenso geschickt zu schnitzen wie die Frauen zu weben. Das beweisen die kunstvollen Webebrettchen mit den meist mit farbigem Wachs ausgelegten Kerbschnitzereien und stilisierten Kammfiguren. Das zeigen auch die hölzernen Butterformen und Wocken, ganz besonders aber die selbstgebastelten Schiffe, die teils frei, teils in Flaschen hineingezaubert auf den Kommoden und Schapps stehen und uns daran erinnern, daß in dieser Gegend Seefahrt und Fischerei heimisch sind.

In jenen Häusern, deren Bewohner einen Seefahrer zu den Ihren zählten, sah es bis vor einigen Jahrzehnten noch viel farbenprächtiger aus. In der Ecke, wo in den Bauernstuben die mit Sonnenblumen und anderen Motiven verzierte Kastenuhr hängt, stand eine protzige holländische oder gar englische Standuhr. Statt der irdenen, weißlackierten Henkel- und Barttöpfe, den „Spalkumpen" aus Pölitzer Töpferbetrieben, und statt des plumpen Usedomer Geschirres setzte die Hausfrau zur Essenszeit buntbedrucktes Steingut aus England und Amerika auf den Tisch, das die Lieper Schiffer von ihren weiten Reisen mit nach Hause gebracht hatten. Chinesische Lackwaren, kupferglasiertes englisches Geschirr, afrikanische Waffen, türkische Feze und, nicht zu vergessen, die kleinen schwerfälligen Steinguthunde verwandelten manche „gute Stube" in ein kleines Völkerkundemuseum.

So zeigt sich, daß die Volkskunst des Lieper Winkels nicht nur Bauern- und Fischerkunst, sondern auch Handwerksdienst, ja sogar teilweise fabrikmäßig hergestellte Ware ist; daß neben heimischen Erzeugnissen Importwaren aus anderen Gegenden Norddeutschlands, der Lausitz, Frankreich und dem alten „Böhmen" einhergehen und sich dem Gesamtbild harmonisch einfügen. Es gilt hier wie überall, wo wertvolles Vergangenes der Gegenwart neu erschlossen werden soll, die „Spreu vom Weizen" zu sondern und Raum zu neuem Wachstum für das zu schaffen, was die kulturelle Eigenart des Volkes ausdrückt. Nur selten gelingt es, auf fremdem Boden Gewachsenes auf dem heimatlichen Boden heimisch werden zu lassen. Das beweist die eingangs erwähnte Teppichknüpferei, die seit altersher unlösbar mit Freest und Lubmin verbunden ist. Das im Rhythmus der Arbeit gesungene Teppichknüpferlied „Wie knüppen un weben / een Teppich förtt Leben — / Woll is all in dei Krien / Bröding sall schnied'n..." erklang zeitweise

auch in der Teppichknüpferschule in Heringsdorf, wo große Teppiche mit bewegten Schiffahrtsszenen und Motiven aus dem Leben der Fischer hergestellt wurden, aber es verstummte in dem Augenblick, als geschäftstüchtige Unternehmer uralte Volkskunst in ein einträgliches Gewerbe umzuwandeln versuchten. —

Wenn wir vom Brauchtum sprechen, dürfen wir nicht an jenen Zeugnissen menschlicher Arbeitskultur vorübergehen, die sich im bäuerlichen Hausbau zeigen. Die ältesten menschlichen Wohnbauten auf Usedom sind die wendischen „Rauchhäuser". Auf den blauweiß getünchten Lehmwänden hockt, wie die Glucke auf dem Ei, das großmächtige, moosbewachsene Rohrdach, das fast bis auf die bunten Beete im Garten herabreicht und den Stürmen der See im gleichen Maße trotzt, wie es seine Bewohner, Mensch und Vieh, schmiegsam wärmt.

Der fotografierende Großstadtgast gerät in Verlegenheit ob des malerischen Stimmungsgehalts dieser alten Bauernhäuser, weil er nicht weiß, für welches Bild er sich zuerst entscheiden soll. Die an der Stirnseite des Daches gekreuzten „Wendenknüppel" sind nicht weniger interessant als das „Uhlenlock" unter dem Walmrand und die kaminlose Küche, der erst das Bedürfnis der „Moderne" einen Schornstein aufsetzte. In Rostock gibt es noch heute eine Grapengießerstraße, die an die dreibeinigen gußeisernen Kochtöpfe erinnert, die früher auf dem offenen Herdfeuer standen. Häuser dieser Art erhielten sich unverändert bis in die ersten Jahre unseres Jahrhunderts auf dem Gnitz und in Peenemünde.

Mit den deutschen Einwanderern, die den westslawischen Volksstamm der Wenden nach dem Osten zurückdrängten, kam der Typ

147

des niedersächsischen Bauernhauses auf unsere Insel. Eine alte Urkunde besagt, daß der Bauer Bartelt Köster aus Liepe ein „Haus von sieben Gebinden mit zwei Abseiten und zwei Kammern" besaß. Obwohl sich die Häuser dieser Art rein äußerlich durch ihren reichen Fachwerkbau von den alten Wendenhäusern sofort unterscheiden, haben sie doch im Innern noch vieles gemeinsam. Noch immer befanden sich Wohnräume, Stall und Scheune unter einem Dach, und in der „Schwarzen Küche" mag es kaum anders als zur Wendenzeit ausgesehen haben. Liebloser und weniger handwerkliches Kunstgefühl verratend erscheinen die Gutshöfe aus friderizianischer Zeit. Zur Bestätigung dieser Behauptung brauchen wir nur den weißgetünchten Domänen-Gutshof am Neuendorfer Weg in Zinnowitz zu betrachten, der die neue Wirtschaftsform augenfällig widerspiegelt. Gewiß, die wohlabgewogenen Maßverhältnisse zwischen Unterbau und Dach mit der geringfügigen Abwalmung der Giebelseiten, von denen die Windbretter längst entfernt sind, zeugen für einen gut durchgebildeten Baukörper. Aber sie lassen ebenso erkennen, daß sich der, der darin wohnte, nicht als freier Bauer und nicht als Herr des Landes fühlte, sondern eben nur als Pächter und unberechtigt dazu, dem Hof ein eigenes Gesicht zu geben. —

Reich wie ein spätsommerlicher Erntetag sind die Gaben des Landes, die wir erkennen und aufnehmen sollen, damit sie nicht für immer verloren gehen. Das zu vollbringen setzt viele helfende Hände voraus, denen das hier Gesagte vielleicht Anleitung, zumindest aber Hinweis sein kann.

Das Flüfterbook

Schon Johann Gottfried Herder schrieb in seinem Reisejournal aus dem Jahre 1769 die um vieles ältere Erkenntnis: „Die Schiffsleute sind immer ein Volk, das am Aberglauben und Wunderbaren vor andern hängt. Da sie genötigt sind, auf Wind und Wetter, auf kleine Zeichen und Vorboten achtzugeben, da ihr Schicksal von Phänomen in der Höhe abhängt, so gibt dies schon Anlaß genug, auf Zeichen und Vorboten zu merken, und also eine Art von ehrerbietiger Anstaunung und Zeichenforschung."
Demzufolge spielt im nordischen Volksglauben, im Kreise der Schiffer und Fischer, die Sage vom Klabautermann seit ältesten Zeiten eine gewichtige Rolle. In jener „ehrerbietigen Anstaunung", von der Herder spricht, hielt man ihn für den guten, unsichtbaren Schutzpatron der Schiffe, der dafür sorgte, daß auf Fahrt alles glatt und ohne Unglück verlief. Abergläubische Gemüter hörten ihn im Schiffsraum rumoren, wo er die Ladung besser nachstaute, andere meinten, daß er zuweilen an die Schiffsplanken klopfe, um den Zimmermann auf schadhafte Stellen hinzuweisen. Selbst der weitgereiste Steuermann wähnte ihn rittlings auf dem Bramsegel reiten, von wo aus er das Nahen guter Winde verkünde. Ja, es soll manchen Kapitän gegeben haben, der bei Tisch ein Gedeck für den Klabautermann auflegen ließ, damit er sich an Bord heimischer fühle. Immer aber blieb er unsichtbar und zeigte sich nur, wenn das Schiff zum Untergang verurteilt war. Dann sprang er selbst auf das Steuer, zerschmetterte es und riß alle, die ihn in

solch furchtbaren Augenblicken sahen, mit sich in die Wellen, aus denen er sich als einziger rettete.

In allen Häfen der Welt, auch in Wolgast und Swinoujscie erzählten sich in vergangenen Zeiten Schiffer und Fischer flüsternd solche Geschichten. Die Usedomer Fahrensleute glaubten auch zu wissen, auf welcher Planke der Klabautermann an Bord spazierte. Damals nämlich heilte man auf Usedom und anderswo Bauchleiden und Brustschaden auf recht sonderbare Weise: der Kranke wurde durch einen gespaltenen Eichenstamm gezogen, fast so, wie Reineke Fuchs seinen Gevatter Isegrim von der Naschsucht kurierte. An dem Tage nun, an dem der zusammengebundene Stamm wieder verwachsen war, sollte auch die Krankheit geheilt sein. Starb aber der Mensch, dann zog seine Seele in den Baum ein, und wurde dieser zum Schiffsbau verwendet, dann feierte die Seele des Verstorbenen als Klabautermann ihre Auferstehung.

Diese Geschichte, in der sich Aberglaube und Sage, alte Volksmedizin und tatsächlich Geschehenes auf wundersame Weise die Hand reichen, erscheint mir recht dazu geeignet, die Seele des Volkes, die wir schon in ihrem Brauchtum fanden, diesmal von einer anderen Seite aus zu beleuchten.

Wer aufmerksam in das Volk hineinlauscht und zuweilen in den Häusern der Altgewordenen ein- und ausgeht, findet noch immer Reste jenes barocken Wunderglaubens, der sich aus dem frühesten Mittelalter und oft noch länger bis an die Schwelle unserer Tage erhalten hat. An Beispielen dafür ist kein Mangel. Denken wir nur an die „tolle Magd" in Gummlin, die sich kurz vor der Jahrhundertwende als modernes Medium vorstellte und — wie Robert Burkhardt berichtet — so lange Steine, Tassen, Blumen und Früchte durch die Luft schweben ließ, bis sie selbst aus dem Dorf fliegen mußte.

Nicht anders war es um den „berühmten Spuk von Zecherin" bestellt, der in den Jahren kurz nach dem ersten Weltkrieg den Wolgaster Ort in Bewegung geraten ließ und sogar die Einwohner und Badegäste von Zinnowitz auf die Beine brachte, die das Wunder selbst erleben wollten. Ein alter Zinnowitzer Lehrer, dessen Blick weniger vom Schleier des Aberglaubens getrübt war als der seiner Zeitgenossen, rückte dem Spuk zuleibe und fand ihn wahrhaftig auf dem geheimnisvollen Oberboden. Es war ein Flug harmloser Fledermäuse. Ebenso mag sich der Spuk auf dem Lüderschen Hof in Grüssow, von dem mir der alte Raesch in Liepe erzählte, und auf ganz ähnliche, immer aber natürliche Weise, das „Moor-

rieten" der Pferde und die Geschichte vom roten Fuchs am Kreuzweg, vom dreibeinigen Hasen, vom ‚Rabhuhn' und den Pucks im Anklamer Moor erklären lassen.

Das zu erreichen war jedoch selbst dem „Zeitalter der Aufklärung" versagt. So nahm das „Unbekannte" seinen Weg durch die Jahrhunderte, zog den ganzen Rattenschwanz einer ihm gewidmeten Literatur nach sich und feierte in der westeuropäischen und amerikanischen Literatur des Existenzialismus fröhliche Auferstehung.

Allerdings mögen die meisten der Zinnowitzer Badegäste, die sich, um einen religiösen Vortrag anzuhören, im Sommer 1935 in der Lesehalle einfanden, nicht wenig erstaunt gewesen sein, als ihnen der alte Krumminer Pfarrer allen Ernstes und folglich in allen Einzelheiten erzählte, wie er seinen Pferden den Teufel ausgetrieben habe.

Bestrebt, in dieses Dunkel ein wenig Licht zu bringen und auf den Pfaden bäuerlicher Heilkunde ebenfalls ein wenig von dem jahrhundertealten Brauchtum des Volkes neu zu entdecken, fand ich gar manches, was mir der Mitteilung wert erscheint. Das meiste davon entstammt einem alten, vergilbten Merkbuch des Kolonisten Lantz vom Gnitz, das mir ein glücklicher Zufall in die Hände spielte. In seltsam kräuslicher Schrift steht auf der ersten Seite des Buches „Anno 1811" geschrieben, der letzte Eintrag von fremder Hand stammt aus dem Jahre 1870.

Gleich bei der ersten Durchsicht des Buches fand ich die weitverbreitete SATOR-AREPO Zauberformel, die vermutlich chaldäisch-ägyptischen Ursprungs ist und den, der sie besitzt, vor Krankheiten und Behexung schützen sollte. Die meist auf Amulette geschriebene Formel besteht aus fünf noch nicht gedeuteten Worten, die offenbar auf lateinischen Ursprung zurückzuführen sind. Ihre Anordnung ist wie folgt:

```
s a t o r
a r e p o
t e n e t
o p e r a
r o t a s
```

In deutscher Übersetzung besagen diese Worte etwa: „Der Seemann Arepo hält mit Mühe die rollenden Räder."

Merkwürdig daran ist, daß diese Buchstaben ganz gleich, von welcher Seite man sie liest, die gleichen Worte ergeben. Wie die Sage berichtet, ist die Sator-Arepo-Formel von einem Studenten erfunten worden, der sie für teures Geld an einen umherziehenden Arzt verkaufte. In dem Merkbuch des Kolonisten Lantz wird dieser Zauberspruch neben einem ähnlichen, der sich aus dem Wort Almagantis bildet, als „Probatis Mittel gegen das Fieber" empfohlen. Von anderer Art sind die zahlreichen „Wundsegen" und „Himmelsbriefe", die das Buch des biederen Landmannes ebenfalls enthält. Einer davon, „Für alle Wunden und Wehtage und Blut zu stillen" lautete so: „Unsern Herrn Jesus Christus seine Wunden / Stehen offen und sind nicht verbunden / Sie schwellen nicht, sie bluten nicht, / Sie tun auch nicht mehr weh, / So sollen N. N. (?) auch tun! + + +"

Selbst dem unvoreingenommenen Leser muß auffallen, daß diese und andere in den ersten Jahrzehnten des vorigen Jahrhunderts aufgezeichneten Sprüche nicht in der bäuerlichen Umgangssprache, sondern in ausgesprochenem Hochdeutsch abgefaßt sind. Dieses „Kirchendeutsch" zeigen auch die sogenannten „Himmelsbriefe", Haus- und Schutzbriefe „Gegen Not und Tod zum Beisichtragen", wie ich einen solchen in Liepe fand. Übrigens scheint bei den

„Winkelschen" das „Besprechen" von Warzen und anderen kleineren Übeln noch recht in Mode zu sein. Doch diese Sprüche erscheinen schon kräftiger, urwüchsiger. So beginnt z. B. die Warzenformel mit den Worten: „Wogengleis, Wogengleis ick kloge di . . ." Das um Mitternacht bei Vollmond zu einer Karrenspur gesprochen, soll die Warzen auf Nimmerwiedersehen davontragen.

Zahlreicher noch sind die Besprechungsformeln gegen die verschiedensten Tierkrankheiten, so z. B. gegen „de Pogg", dem Verfangen der Kühe: „Pogge hast du das gekraht / vom Wetter und von dem Wind / als Mutter Marie und ihr Kind. + + +" Selbstverständlich dürfen auch hier die drei Kreuze nicht fehlen. Um „wirksam" zu sein, durften diese Sprüche nur vom Mann an die Frau, von der Frau an den Mann weitergegeben und mußten flüsternd angewandt werden. Entsprechend dieser Gebrauchsanweisung wurden die Bücher, in denen sich solche Besprechungsformeln aufgezeichnet finden, „Flüsterbook" genannt. Ein solches „Flüsterbook" ist demnach auch das Merkbuch des Gnitzer Kolonisten, das mir als Quelle diente.

Was die Entstehung der eigenartigen Beschwörungs- und Besprechungsformeln anbelangt, so geben uns die darin enthaltenen Namen der Apostel und Heiligen einen deutlichen Fingerzeig. Entstanden in der Urzeit frühesten Heidentums, wurden sie vom Urahn behütet und weitergegeben wie das Feuer am Herd. Ihre erste schriftliche Aufzeichnung finden wir — um die Zeit der angeblichen Zerstörung Vinetas — in den „Merseburger Zaubersprüchen", einem der ältesten deutschen Literaturdenkmäler.

Im ersten der Merseburger Sprüche bespricht Wodan eine Beinverrenkung des Pferdes mit der Formel: „Bein zu Beine, Blut zu Blute, Glied zu Gliedern, als wenn sie geleimet wären!" Wodan, der Gott der höchsten Einsicht, galt zugleich als der beste Arzt, und die Meinung der damaligen Zeit war natürlich, daß man sich von der Formel in jedem ähnlichen Falle die gleiche Heilwirkung versprach.

Mit der zweiten Merseburger Zauberformel werden die Fesseln der Gefangenen gelöst. Diesmal sind es die Walküren, die das große, entscheidende Wort aussprechen, das den Gefangenen die Freiheit bringt: „Entspringe den Banden, entlaufe den Feinden!" Mit christlichem Gehalt vermischt, sind diese Zauberformeln später zu Segenswünschen geworden, die den Menschen bei der Arbeit, im Kampf und auf der Reise ebenso wie das Vieh in den Ställen und auf der Weide der schirmenden Hand der Götter empfehlen, wie etwa im „Wessobrunner Gebet" oder im „Weingartner Reisesegen". Nicht selten decken sich deshalb die Besprechungsformeln neuerer Zeit mit dem Inhalt der alten Spruchweisheiten, an die die anerzogene Vorstellungswelt der Konfessionen hier und da ihre Schnörkel anhängte. So besonders das 15. und 16. Jahrhundert, als der Katholizismus mit seinem Marien- und Heiligenkult in höchster Blüte stand. Das zeigen auch die Sprüche von Lantz.

Der Glaube an Wunder und die Furcht vor Göttern, die in den Pest- und Notzeiten unseres Landes immer neue Nahrung und Bestätigung zu finden schienen, sind der Hafenplatz, in dem diese Art „Volksmedizin" vor Anker liegt. Und es zeigt sich, daß Volksmedizin nichts anderes als „umschriebener" Aberglaube ist.

Da aber die frommen Sprüche schon von altersher nicht jedermanns Sache waren, schon gar nicht derer, die das sittenlose Leben der Mönche aus eigener Anschauung kannten wie die Bauern in Usedom, Pudagla und Krummin, zeitigte die Volksmedizin noch eine zweite Seite. Durch Handwerk und Wohnplatz der Natur enger als die Stadtleute verbunden, suchten Bauern und Fischer in ihren geheimsten Quellen Schutz gegen Not und Tod.

Im allgemeinen haben die bäuerlichen Hausmittel keinen so wohlgesetzten, oft poesiebestäubten Text wie die alten Wundsegen und Besprechungsformeln. Einfachheit, die oft an Derbheit grenzt, und auch hier ein kräftiger Schuß Glaube an seltsame dunkle Dinge, besonders aber Vertrauen auf die Kräfte der Erde sind die Kennzeichen für diese Art Volksmedizin. Rezepte solcher Art habe ich aus dem Lieper Winkel ein ganzes Bündel mitgebracht, die zum Teil, von derber Bauernhand auf sanftblaues und zartgelbes Büttenbriefpapier geschrieben, recht wunderlich wirken.

In dem einen wird gegen das Aufblähen des Rindviehes ein Kilo abgestandener Kalkbrühe empfohlen; in einem anderen, das den Milchertrag der Kühe steigern soll, heißt es: „Gib der Kuh, wenn sie das erste Kalb trägt, einen halben Aalschwanz in einem Laib Brot." Da finden sich Mittel gegen das „Feuer der Schweine" und das Blutmelken der Kühe neben den Überresten alter Kräuter- und Wurzelmedizin, die „Engelsüß" und „Gottes Gnaden" für das Rindvieh empfehlen. Selbst der bösen Zauberei versucht sich der Landmann mit Naturmitteln zu erwehren. So heißt es in einer Art von Schutzbrief für den Stall, der „böse Leute" daran hindern soll, das Vieh zu verhexen: „Nimm Wermut, schwarzen Kümmel, Fünffingerkraut und Teufelsdreck, von jedem für dreißig Pfennig, dazu einen Saubohnenstroh, die Zusammenkehrung hinter

der Stalltür zusammengefaßt und ein wenig Salz, alles in einem Bündlein in ein Loch getan unter die Schwellen, wo das Vieh ein- und ausgeht, mit Elsenbaumholz zugeschlagen, hilft gewiß! + + +" Hier schießt der Aberglaube schon wieder mächtig ins Kraut. Nicht weniger zeigt sich das in dem „Elexier des langen Lebens", das sich hier und da auf Usedom noch immer findet. Das Elexier besteht aus einem Gemisch von sieben verschiedenen Zutaten, besonders aus orientalischem Saffran und Rhabarberwurzeln. Die anderen Zutaten und das Rezept der Dosierung möchte ich doch lieber auf den vergilbten Blättern des Gnitzer „Flüsterbooks" schlummern lassen. Es scheint mir besser so…

Ein ähnliches „Rezept vor schwedischen Palsam", der als Universalheilmittel gepriesen wird, ist mir aus der Steiermark bekannt. Ich erwähne das deshalb, weil darin merkwürdiger Weise alle sieben Grundessenzen des Usedomer Elexiers enthalten sind. Das steiermärkische Rezept nennt aber noch ein dreiviertel Dutzend anderer Wurzeln und Kräuter wie „Venetianer Teriack, Pzergal, Lerchenschwamm und weiße Tiztamwurzel".

Daraus erhellt sich die Tatsache, daß selbst weitverbreitete Wurzel- und Kräuterkuren oft auf eine gemeinsame Quelle zurückzuführen sind. Nicht wenig Rezepte und Behandlungsmethoden entschleiern sich oftmals auch als Abschreibsel aus alten Doktorbüchern, wie sie häufig auf Dachböden unter vergessenem Gerümpel gilben. Das ist besonders dann der Fall, wenn die Rezepte chemische Grundstoffe enthalten und die Gewichtsangaben die Apothekerwaage im Hintergrund nur allzu deutlich erkennen lassen.

Seitdem der Scharfblick der Zeit die Wurzeln der Volksmedizin längst bloßgelegt und Aalschwänze, Kalkbrühe und Zaubersprüche aus der modernen medizinischen Wissenschaft verdrängt sind, hat auch auf Usedom das Vertrauen zu den „Studierten" das „Flüsterbook" verdrängt. Trotzdem wäre es fehlgetan, über das, was jahrhundertelang im Volke lebte, mit einem geringschätzigen Lächeln hinwegzugehen. Schon Kant sagte: „Man muß nicht alles glauben, was die Leute sagen, man muß aber auch nicht glauben, daß sie es ohne Grund sagen!"

Man sollte alles, was aus dem Volke kommt, einer tieferen Schau für würdig befinden, auch wenn es nicht immer weder schön ist, noch rein erscheint. Art und Brauchtum der Menschen, die auf Usedom leben, setzen sich aus vielen kleinen Mosaiksteinchen zum überzeugenden, allen verständlichen Gesamtbild zusammen.

Ein solches Steinchen ist die alte „Volksmedizin".

Als Gorki in Heringsdorf weilte . . .

Immer, wenn ich über die gepflegten Promenaden, durch die herrlichen Parkanlagen und die sauberen, kleinen Straßen von Heringsdorf gehe oder vom Kulm herab auf das bunte Gewimmel am Strande sehe, denke ich daran, daß vor dreißig Jahren über die gleichen Wege einer der größten Dichter unserer Zeit gegangen ist. Sein Name ist Alexej Maximowitsch Peschkow, genannt Maxim Gorki!

Als ich im Sommer 1948 in Heringsdorf nach dem Gorki-Haus fragte, begegnete ich meist nur einem unwissenden Achselzucken. „Unbekannt!" erhielt ich zur Antwort, und es blieb mir nichts anderes übrig, als selbst danach zu suchen. Nicht besser ist es im Frühjahr 1945 den Sowjetsoldaten ergangen, die sich nach der Pension erkundigten, in der einst ihr Landsmann gewohnt hatte. In den dunklen Tagen des Faschismus war die Erinnerung an Gorki bei der Bevölkerung in Vergessenheit geraten.

Seitdem sind acht Jahre vergangen. Heute weiß jedes Schulkind in Heringsdorf, wo Gorki während seines Sommeraufenthaltes wohnte. Die Maxim-Gorki-Gedenkstätte in der nur wenige Schritte hinter den Dünen liegenden hellen, freundlichen „Villa Irmgard" ist weithin bekannt geworden und steht seit 1950 unter Denkmalschutz. Eine Marmortafel neben dem Hauseingang berichtet, daß hier von

Mai bis September des Inflationsjahres 1922 der große proletarische Dichter und Begründer des sozialistischen Realismus, Maxim Gorki, gelebt hat.

Gorki war damals nach Deutschland gekommen, um sich von seinem schweren Lungenleiden zu erholen, das ihn seit fünfundzwanzig Jahren quälte. Er mied den um diese Zeit üblichen Saisonbetrieb der vornehmen Gesellschaft und führte ein zurückgezogenes Leben. Fast täglich unternahm Gorki weitausgedehnte Spaziergänge. Als aufmerksamer Naturbeobachter wanderte er am Buchfinkkamp und am Zobten vorbei zum Gothensee und nach Sallenthin oder über die alte Schwedenbrücke und durch die Wolfskuhle zum Langen Berg bei Bansin hinüber. Der Aufenthalt in der frischen, würzigen Wald- und Seeluft stärkte seine kranke Lunge und tat ihm wohl. Meist kehrte er von diesen Ausflügen mit einem Säckchen Pilze zurück, die ihm eine österreichische Köchin, die er mitgebracht hatte, zubereiten mußte.

Schon am frühen Morgen, wenn das Leben am Strand noch nicht erwacht war, lauschte er bei Wind und Wetter von der Seebrücke aus dem Lied des Meeres, studierte den Flug der Möwen und das harte Tagewerk der Fischer, die er in seinen Dichtungen so meisterhaft geschildert hat. Um nachzuempfinden, wie tief Gorki das Erlebnis des Meeres in sich aufnahm, brauchen wir nur sein berühmtes „Lied des Sturmvogels" oder „Das Lied des Falken" zu lesen. Das Meer wurde unter seiner Feder so lebendig, und er fand immer neue Bilder dafür, daß es darüber zwischen ihm und dem alten Leo Nikolajewitsch Tolstoi zu angeregten Diskussionen kam.

Meist begegnete man dem großen, hageren, ein wenig nach vorn gebeugten und wortkargen Mann, der selbst seinen Gastgebern gegenüber nicht viel mehr als „Guten Tag" sagte, in Begleitung seines Sohnes, dem Leutnant der Sowjetarmee Pleschkow, und seines Sekretärs, der dafür sorgte, daß keine ungebetenen Gäste Gorkis Ruhe störten. Für jene nämlich, die ihn nur aus billiger Neugier anstaunen wollten, war Gorki nie und unter keinen Umständen zu sprechen. Immer aber für Freunde. Als gar der berühmte Bassist Schaljapin mit seiner Tochter in Heringsdorf eintraf, weiteten sich die Stunden bei angeregter Unterhaltung, beim Summen des Samowars und einem Glase Rotwein zu festlichen Tagen.

Als Arbeitszimmer benutzte Gorki das ebenerdige „arabische Zimmer", das „Heiligtum" seines weitgereisten Gastgebers Dr. Becher.

Dieser Raum, der als Mittelpunkt der Gorki-Gedenkstätte in seinem damaligen Zustand erhalten blieb, ist von exotischer Schönheit. Wertvolle orientalische Gobelins, ein indischer Gebetsteppich mit goldbestickten Koransprüchen, afrikanische Waffen, Knochen eines Sägefisches und handgestickte Bilder schmücken die Wände. Rechts neben der Tür hängt eine Ampel aus einer arabischen Moschee. Mattes Licht erleuchtet die bunten Glasscheiben und das in Messing getriebene Muster. Gorki liebte diese Dinge, die ihn an das ferne Kasan, Tblissi und die Krim erinnerten, und zuweilen vertrieb er sich im Garten hinter dem Haus mit dem Werfen australischer Bumerangs die Zeit.

Hier, unter fremden Menschen, überarbeitete Gorki während des Heringsdorfer Aufenthaltes seinen gleichnamigen autobiographischen Roman, dessen erste Kapitel schon 1915 im Druck erschienen waren. Wie das Erscheinungsjahr 1923 des Romans „Meine Universitäten" vermuten läßt, arbeitete der Dichter auf Usedom auch an den Korrekturen dieses Werkes.

Da sich in Heringsdorf der gewünschte Heilungserfolg nicht einstellte, reiste Gorki zunächst nach Bad Saarow in der Mark und später nach Capri im sonnigen Süden. Zum Abschied schrieb er unter dem 25. September 1922 in sorgfältiger, kleiner russischer Schrift in das Gästebuch der „Pension Irmgard": „...Und trotz alledem werden dennoch die Menschen mit der Zeit wie Brüder leben."

Als ich 1948 das Haus in der heutigen Maxim-Gorki-Straße zum ersten Male aufsuchte, lernte ich hier in den beiden sowjetischen Oberstleutnants Sidozow und Serow zwei begeisterte Verehrer des großen Dichters kennen. Während mir Oberstleutnant Sidozow Gorkis Eintrag in unsere Muttersprache übersetzte, erklärte sein Freund meiner Frau die Bilder, die an den Wänden hingen und von den wichtigsten Stationen eines Kämpferlebens berichteten. Da ist ein Bild, das Gorki bei der Eröffnung des Ersten Allunions-Kongresses der Sowjetschriftsteller im Jahre 1934, daneben ein anderes, das ihn im Gespräch mit Stalin zeigt. Und schweigend betrachteten wir die Abbildung des Sowjetgutes „Gorki", wo Alexej Maximowitsch nach der Rückkehr in sein Vaterland bis zu seiner feigen Ermordung am 18. Juni 1936 lebte. —

Ein leiser Wind, der von der See herüberkam, wehte aus dem Garten den betäubenden Duft von Jasmin durch die offenen Fenster ins Zimmer herein und spielte mit dem Vorhang an der Tür. Nicht anders mochte es an jenen Abenden gewesen sein, als Gorki noch hinter dem dunkelfarbigen Schreibtisch saß, dort, wo jetzt seine Büste steht, und hinauslauschte in die Nacht, die wie eine gütige Mutter Freud und Leid der Menschheit gleichermaßen verhüllte. —

In Margot Becher, der Nichte des 1948 verstorbenen Hausherrn, hat die Gedenkstätte eine kluge Betreuerin gefunden, die den Besuchern verständnisvoll über Gorkis Aufenthalt in Heringsdorf berichtet. Dabei fällt die Verständigung nicht immer leicht; denn oft kommen die Gäste von weither in das hinter den Dünen wie in einem Garten eingebettete helle Haus. Sowjetische Offiziere und Soldaten, Wissenschaftler aus Frankreich und Bulgarien, Werktätige aus Ungarn, Polen und der Deutschen Demokratischen Republik, Schulkinder und Künstler gehen in gedämpftem Gespräch durch die Räume und schmücken sie mit den Blumen des Jahres. Es ist, als wären sie gekommen, um zu beweisen, daß die Worte, die Gorki in diesem Zimmer schrieb, auf einem großen Teil der Erde Wirklichkeit geworden sind.

Einfach, aber stark hat der türkische Dichter Nazim Hikmet, der im Frühjahr 1952 in Heringsdorf weilte, das Empfinden aller Besucher der Maxim-Gorki-Gedenkstätte ausgesprochen, als er in das Gästebuch schrieb: „An der Stätte, wo Gorki gelebt und gearbeitet hat, weilen zu dürfen, erweckt ein Gefühl der Ehrfurcht und des Glücks!"

Usedom ist aber nicht nur durch Maxim Gorki und Nazim Hikmet mit Kunst und Literatur verbunden, wie dem scheinen mag, der in den Inselbuchhandlungen und Volksbüchereien bisher vergeblich nach einem Heimatroman, einem Sagenbuch oder irgendeinem anderen Werk suchte, das die Insel als Stoff oder Rahmen trägt. Die Schuld daran, daß vieles literarisch Bedeutsame verlorenging oder in Vergessenheit geriet, tragen auch hier der Krieg und die Zeiten der Gärung und Klärung, die ihm vorausgingen und folgten. So kommt es, daß heute schon ein Exemplar von Meinholds „Bernsteinhexe" Seltenheitswert besitzt.

Das an landschaftlichen Schönheiten und historischen Geschicken so überreiche Inselland hat sich aber bereits seit langem einen — wenn auch kleinen — Stamm eigenwilliger Künstler geformt und nicht weniger als das malerische Fischland und die stille Insel Hiddensee die Kunstschaffenden aus allen Teilen unseres Vaterlandes angezogen und zu künstlerischem Schaffen angeregt. Auch nach dieser Richtung hin habe ich in den letzten Jahren die Geschichte der Insel ein wenig durchforscht und dabei manches

160

Bemerkenswerte entdeckt, das besonders die Bücherfreunde interessieren wird.

Zu den frühesten Badegästen Heringsdorfs zählte ein gewisser Dr. Wilhelm Häring. Bekannter als dieser Name wird vielen Lesern der Schriftstellername Willibald Alexis sein, unter welchem Dr. Häring in der zweiten Hälfte des vorigen Jahrhunderts seine historischen Romane „Die Hosen des Herrn von Bredow", „Roland von Berlin", „Ruhe ist die erste Bürgerpflicht" und andere erscheinen ließ. In seiner Novelle „Meerschaumflocken" begeistert sich der Dichter — wenn auch ein wenig allzu überschwenglich —, für Heringsdorf. Alexis, der in Heringsdorf selbst eine der ersten Villen besaß, nahm an der Entwicklung des Badeortes tatkräftigen Anteil und gehörte zu den finanziellen Förderern des hiesigen Kirchenbaues. So kam die Vermutung auf, daß der Dichter mit seinem bürgerlichen Namen „Häring" auch bei der Namensgebung des Ortes Pate gestanden habe.

In nächster Nachbarschaft von Alexis ließ der bekannte Schauspieler Eduard Devrient (1801—1877), Direktor des Hoftheaters in Karlsruhe und verdienstvoller Verfasser einer „Geschichte der deutschen Schauspielkunst", ein Haus erbauen.

Kurz vorher erlebte im benachbarten Swinoujscie einer der bedeutendsten deutschen Erzähler des ausgehenden 19. Jahrhunderts einige glückliche Jugendjahre, der Apothekersohn Theodor Fontane (1819—1898). Ihren literarischen Niederschlag fand diese Zeit in seiner autobiographischen Erzählung „Meine Kinderjahre", worin er mit gewohnter Meisterschaft ein lebendiges Bild vom gesellschaftlichen Leben in der alten Swinestadt der Jahre 1827 bis 1832 gibt, als noch der mächtige Krause lebte. Dort, im Apothekerhaus, entstand ferner sein bekannter Roman „Effie Briest", in dem Fontane das Problem einer unglücklichen Ehe behandelt. Wer von den Sommergästen der Insel auch im Winter nahe sein möchte, der sollte nicht versäumen, beide Bücher zu lesen.

Auf Friedrich Rückert und Ferdinand Freiligrath, die in ihren Gedichten ebenfalls Stoffe aus der Geschichte Usedoms bearbeiteten, wurde schon an anderer Stelle hingewiesen. Gleich Freiligrath schilderte der in Magdeburg geborene und am Ostseestrand aufgewachsene Friedrich Spielhagen (1829—1911), ein Meister des „Gesellschaftsromans", in seinem großen 1876 erschienenen Roman „Sturmflut" die Ereignisse von Damerow im Unglücksjahr 1872. Immer wieder und besonders in der Zeit der Romantik war es die Sage von der versunkenen Stadt Vineta, welche die Dichter

von den unbedeutendsten bis hin zu Heinrich Heine und Selma
Lagerlöf zur künstlerischen Gestaltung begeisterte. Eines der schön-
sten Vineta-Gedichte, das in den Vertonungen von Franz Abt und
Johannes Brahms geradezu zu einem Volkslied wurde, schrieb
Wilhelm Müller. Seinen Eingang in die Weltliteratur verdankt
Vineta Selma Lagerlöfs (1858—1940) Roman „Wunderbare Reise
des kleinen Nils Holgersson mit den Wildgänsen".

Von einem Wichtelmann in einen Däumling verwandelt, trägt den
kleinen Nils Holgersson Ermenrich, der Storch, über das weite
Meer an den Strand von Usedom. Da es gerade ein Ostermorgen
ist, sieht Nils vor seinen erstaunten Augen die Wunderstadt aus
den Fluten emporsteigen. Sie von ihrem Banne zu erlösen, vermag
er nicht, weil er die dünnen Kupfermünzen, die er am Strande
fand, nicht aufgehoben, sondern achtlos mit dem Fuß beiseite-
gestoßen hat. —

Schon diese wenigen Beispiele zeigen, wie fruchtbar sich der Besuch
der Insel auf das schöpferische Werk jener Kunstschaffenden
auswirkte, die hier ihre Sommer verbrachten. Die Begegnung mit
Land und Leuten, das Erlebnis der See machte die „Nehmenden"
zu „Gebenden", die ihrem Können und ihrem Temperament entsprechend der gastlichen Sommerstätte mit einem Gedicht oder
einer Novelle, einem Roman, einer neuen Melodie oder einem Bild
ihre Dankbarkeit bewiesen.

Brauchtum und Volkskunst noch inniger verbunden zeigt sich das
auf heimatlichen Boden Entstandene. Selbst dann, wenn es nicht
immer die letzte künstlerische Reife erreicht, können wir nicht
achtlos daran vorübergehen. Die geographische Lage der Insel
bedingt, daß wir sie auch als eine in sich geschlossene Kulturlandschaft betrachten. Dazu gehören schon die Sagen und Märchen,
die Berge und Seen, romantische Schluchten und längst verfallene
unterirdische Gänge oder eine alte Glocke, mit einem geheimnisvollen, hintergründigen Leben umgeben. Oft reicht ihr Ursprung
bis in jene fernen Zeiten, als sich noch kein Griffel fand, um die
Geschehnisse als Geschichte aufzuzeichnen. So gibt es auf Usedom
eine Sage von der Prinzessin auf dem Golm, Sagen vom Rank-
witzer Jungfernberg, den Glocken von Krummin und der Entstehung der Peene, die schon in ihren Titeln das der Landschaft
gegebene Gesicht deutlich erkennen lassen. Viel später erst gesellte
sich den Sagen die Dichtung hinzu, die sich, wollte man nur nach
dem Titel sehen, kaum von jenen unterscheiden läßt. Denken wir
nur an die „Bernsteinhexe" oder „Das Kreuz von Vineta". Selbst

die Sprache, in der man die Sagen erzählt und in der die Romane geschrieben sind, offenbaren ein Stück Heimat.

Noch im Mittelalter galt die jahrhundertealte plattdeutsche Umgangssprache, welche die Siedler von Mecklenburg-Pommern einst aus ihrer alten in die neue Heimat mitbrachten, als Amtssprache der Hanse, und selbst die Bibel übersetzte man kurz nach der Reformation ins Plattdeutsche. Zur Literatursprache wurde das Plattdeutsch aber erst im 19. Jahrhundert von Fritz Reuter erhoben, der damit der Mundartdichtung einen mächtigen Auftrieb gab und als Begründer und Meister der neuplattdeutschen „Dichtung" weit über die Grenzen seiner norddeutschen Heimat hinaus Wertschätzung und Beachtung fand.

Auf Usedom begegnen wir in dem 1854 geborenen Max Spiecker, einem echten und achtbaren Jünger Reuters, der in seinem Buche „Ollermann vertellt" von seiner Heimatstadt berichtet, „Woans dunmals dat dor utseeg, wo ruhig un gemäudlich sik dat Lewen dor afspeelte un wat für deils gaude, deils sonnerbare Minschen ehr Wesen harren." In diesem Buch wimmelt es geradezu von Menschen des gleichen Schlages wie „Unkel Kollett", dem wir schon als Postillon im alten Usedom begegneten, und in humorvoll-derber Weise läßt Spiecker die vergangene Zeit lebendig werden. Damit übertraf er an Wirksamkeit bei weitem die „Humoristischen Reisebilder auf Usedom" seines Vorgängers Johann Wilhelm Meinhold, dessen Name schon mehrfach genannt wurde. Als Verfasser des in vielen Auflagen erschienenen Romans „Die

Bernsteinhexe", den Heinrich Laube, der Direktor des Wiener Hofburgtheaters, dramatisierte, und der in Kürze in einer Neubearbeitung durch Prof. Sielaff im Petermänken Verlag-Schwerin erscheinen wird, gilt er als der erfolgreichste Dichter Usedoms.

Am 27. Februar 1797 in Netzelkow als Sohn des dortigen Pfarrers geboren, studierte Meinhold in Halle, Frankfurt/Oder und Greifswald Theologie. Nach beendetem Studium amtierte er 24jährig als Rektor in Usedom und wirkte von 1821 bis 1844 als Pfarrer in Koserow und Krummin. Neben seiner seelsorgerischen Tätigkeit, mit der er es nicht allzu genau nahm, fand er genügend Zeit zu literarischer Betätigung. Als Dichter war Meinhold fanatischer Parteigänger der zum Katholizismus hinneigenden romantischen Schule, deren Einfluß sich nicht nur in seinen literarischen Werken immer stärker geltend machte, sondern auch in seinen Predigten und seinem Lebenswandel. Man sagt von ihm, daß er sogar seinen Küster verprügelt haben soll. So sah sich Meinhold genötigt, seine Stelle in Krummin aufzugeben und nach Hinterpommern zu gehen. Ein im Volke entstandenes Gedicht trug ihm freilich auch dorthin seinen üblen Ruf voraus. Jene Verse

> „Wir wollen Dich nicht haben,
> Du Doktor von Krummin —
> Und sollten wir auch traben
> Zum Alten nach Berlin . . ."

werfen ein bezeichnendes Licht auf die politische Volksstimmung jener vormärzlichen Zeit. Mit Gott und aller Welt verfallen, starb Meinhold 1851 als Emeritus in Berlin-Charlottenburg.

Von seinen Werken verdienen neben der „Bernsteinhexe" die „Vermischten Gedichte", in denen er auch Land und Leute zu schildern sucht, besondere Erwähnung. Die beste darin enthaltene Arbeit ist das Gedicht vom Streckelberg.

Heimatgedichte schrieben auch die Swinemünder Ernst Scherenberg (1839—1905), dem seine Vaterstadt einen Denkstein errichtete, und Hans Hoffmann (1848—1909), der zu seinen Lebzeiten als der bedeutendste Dichter Pommerns galt. In Hofmanns Novellen „Aus jungen Tagen" und „Am Ostseestrand im Winter", ebenso in dem reizenden Ostseemärchen „Plappermäulchen" hat der Dichter, der lange Zeit als Sekretär der deutschen Schillerstiftung in Weimar wirkte, das rasch aufblühende Heringsdorf besungen. Auch die Begeisterung des Revolutionsjahres 1848 brachte eine

Reihe patriotischer Lieder hervor, deren künstlerische Qualität freilich meist in einem argen Mißverhältnis zu ihrem Inhalt steht. So kommt es, daß diese Dichtungen nicht zu echten Volksdichtungen geworden sind.

Mit größerer Sachkenntnis und Gewissenhaftigkeit als Meinhold gestaltete der bereits mehrfach erwähnte verdienstvolle Chronist von Usedom, Robert Burkhardt, bedeutende Episoden aus der historischen Vergangenheit des Landes. Neben zahlreichen kleineren, meist für den Schulgebrauch bestimmten Arbeiten wie „Widar und sein Geschlecht", worin Burkhardt Sitte und Brauchtum, Handel und Wandel der ältesten Bewohner des Landes lebendig werden läßt, schrieb er mehrere breitangelegte historische Romane, so u. a. „Der letzte Neuenkirchen", dessen Handlung in der Zeit kurz vor dem Zerfall Pommerns während des Dreißigjährigen Krieges spielt. Neben den Dichtern verdienen besonders die Maler Erwähnung, die das Land hervorgebracht hat. Der nordischen Heimat eng verbunden und aus ihr ein elementares Naturgefühl empfangend, sind die Bilder des Wolgaster Reedersohns Philipp Otto Runge (1777—1810) und des Greifswalder Malers der „Erdlebenbilder" Caspar David Friedrich (1774—1840). Caspar David Friedrich

165

gilt als der bedeutendste Vertreter der romantischen Malerei in der ersten Hälfte des 19. Jahrhunderts. Als Landschaftsmaler löste er sich als einer der ersten deutschen Künstler von der Ideallandschaft des 18. Jahrhunderts und gestaltete echte Landschaftsporträts voll feinsten Naturempfindens. So malte er in seinen Bildern aus der Umgebung von Greifswald und der Steilküste der Insel Rügen nicht nur die Sonnentage am Meer, sondern bevorzugte häufig die diesigen Tage, die uns auch heute noch die Küstenlandschaft in der für sie so charakteristischen Wahrheit zeigt. Seine großartigen Gemälde „Schiffe auf der Reede", „Mond hinter den Wolken über dem Meeresufer", „Meeresküste bei Mondenschein", „Zwei Fischer am Meeresstrand", „Klosterruine Eldena" und die Zeichnung „Dünendurchblick auf die Ostsee" — um nur einen Teil seines Werkes zu nennen — lassen die niederdeutsche Tiefebene und das Ostseebecken besonders deutlich als eine geschlossene Kulturlandschaft erkennen. Ihr und ihrem Volkstum war Caspar David Friedrich zugehörig und mußte deshalb, ganz gleich, wohin er seine Schritte lenkte, ein Fremdling im übrigen Europa bleiben. Erst in unserer Zeit ist C. D. Friedrich die verdiente Würdigung zuteil geworden und sein Erbe trägt reiche Frucht.

Auf Usedom sind eine ganze Reihe bildender Künstler ansässig und heimisch geworden, die in ihren Bildern den Zauber der Küstenlandschaft schildern. In dem kleinen romantischen, auf keiner Karte zu findenden Lüttenort bei Loddin lebt und schafft Otto Niemeyer-Holstein. In dem hellen, freundlichen Gästeraum des Inselhofes Zempin, der einen beliebten Treffpunkt der Kulturschaffenden bildet, sind mehrere seiner in gedämpften Farbtönen gehaltenen großflächigen Bilder ausgestellt. Daneben hängen einige Aquarelle von Rose Kühn, die in einem Seitenteil des Inselhofes ihre bescheidenen Arbeitsräume eingerichtet hat. So gleichen die Räume des Inselhofes einer improvisierten Kunstausstellung, in der die Künstler der Umgebung ihre Werke ausstellen. Die kleine Schau zeitigt eine große Wirkung; denn die Begegnung mit der Landschaft im Kunstwerk vermittelt uns selbst ein inniges Verhältnis zur Natur.

Am anderen Ende von Zempin hat der Maler Scheele in seinem kleinen, hinter den Dünen versteckten Haus eine heimatliche Schau zusammengestellt. Nicht mühelos ist in Zinnowitz die verborgene, anspruchslose Werkstatt des Bildhauers Hans Kies zu finden, der zu den Initiatoren der ersten „sozialistischen Künstlerbrigade" gehört. Seine Arbeiten zeigen, daß sich die Usedomer

Künstler ernsthaft bemühen, die neue gesellschaftliche Umwelt realistisch zu gestalten.

Eigenwilliger als die anderen kleinen Sommerhäuser am Waldrand von Ückeritz wirken die beiden Holzhäuser mit den buntbemalten Fensterläden. Hier, zwischen dem leuchtenden Gelb der sommerlichen Felder und dem matten Grün der jungen Kiefernwälder wohnen die Manigks. Diesem Kreis, der den Mittelpunkt der kleinen, ernsthaft arbeitenden Künstlerkolonie bildet, entstammt der Künstler, der unser Usedom-Buch bebildert hat. —

Sturmflut . . .

Sturmfluten zerstörten hier am 11. bis 13. November 1872 und 9. bis 10. Februar 1874 das Vorwerk Damerow", so kündet eine schlichte, rechts der von Zempin nach Koserow führenden Straße errichtete Holztafel. Wie viele schon mögen achtlos, und ohne sich über das Besagte Gedanken zu machen, daran vorübergegangen sein. Zu klein und unscheinbar ist das Denkmal, das Menschenhand der Erinnerung an großes Leid errichtete. Den Anwohnern der westlichen Ostsee jedoch werden Sturmtage wie diese unauslöschlich im Gedächtnis bleiben.

Lange bevor ich die Erinnerungstafel entdeckte, war mir schon von der Zerstörung Damerows erzählt worden, und aus vergilbten Zeitungsberichten hatte ich versucht, mir ein Bild von den Ereignissen jener unheilvollen Novembertage zu machen. So mag es sich damals zugetragen haben:

Ein lang anhaltender Südwestwind, wie er in unseren Breiten nicht häufig ist, hatte große Wassermassen aus der Nordsee durch Sund und Belt in das Ostseebecken gedrückt und hier bis zu einer Höhe von $3^{1}/_{2}$ Metern über Normalnull aufgestaut. Am Abend des 12. November sprang plötzlich der Wind in einen Nordweststurm um, der sich innerhalb kurzer Zeit zum Orkan steigerte. Immer hohler ging die See, und immer höher toste die Brandung. Wie ein schreckliches Untier, in sinnloser Wut alles niederwerfend, was sich ihm in den Weg stellte, raste der Orkan auf dem Lande. Die ganze Nacht hindurch wühlte er das Meer in seinen Tiefen auf, daß es brodelte und zischte und die Brandung donnerte und schrie, so tobte er auf der See.

Gegen Mittag des 13. November erreichte das Inferno seinen Höhepunkt. Mit unverminderter Wucht schleuderte der Orkan die aufgespeicherten Wassermassen wie mit einer Riesenfaust gegen die mecklenburgische Küste. In Wellen und Stößen zuckte und ächzte die Erde unter dem Anprall der todbringenden Wogen.

Angsterfüllt, mit grellheiserem Schrei flatterten die Möwen über den strudelnden Tälern des Meeres. Dunkle, tiefhängende, sturmzerfetzte Wolken jagten über den Himmel und schütteten in peitschenden Strähnen ihre Wassermassen aus. Krachen und Bersten, Heulen und Pfeifen erfüllte die Luft und übertönte die Angstschreie von Mensch und Tier.

Erst am nächsten Tag, nachdem der Sturm abgeflaut und die Flut gefallen war, ließ sich der volle Umfang der angerichteten Verwüstungen erkennen. Entlang der Küste bis hinüber nach Rostock und Warnemünde, auf dem Darß, Hiddensee, Rügen, Usedom und Wollin war das Land überschwemmt, viele Dörfer vernichtet, die Boote der Fischer abgetrieben und irgendwo zerschellt, das Vieh der Bauern ertrunken und die Felder und Wiesen mit Sand und Steinen bedeckt und auf lange Zeit hinaus unfruchtbar gemacht.

Bei Damerow, der schmalsten, nur 330 m breiten Landbrücke auf Usedom, wo einst die Peene in die Ostsee floß, hatte die Flut die hohen Vordünen durchbrochen und das kleine Dorf schwer zerstört. Der Pudaglaer Forst bot einen trostlosen Anblick. Kilometerweit waren die Bäume entwurzelt, und die mächtigen Stämme uralter Bäume hatten die Neupflanzungen mitleidlos unter sich begraben. Vier Jahre benötigte man dazu, um den Windbruch aufzuarbeiten. Zahlreiche Schiffe waren gestrandet. Den Dampfer „Memel Packet" schleuderte das tobende Meer in die Dünen bei Zinnowitz. Bei Zempin verklemmten sich zwischen Strauchwerk und Wurzelstümpfen die Schoner „Albert Anna" und „Karl Albert".

Besonders schwer traf es auch die Fischerkolonie Karlshagen und das Dorf Peenemünde, wo die meisten Häuser nur aus Lehm bestanden. Viele der freundlichen Wendenhäuser wurden hier vom Wasser unterspült und stürzten ein. In wenigen Stunden vernichtete das blindwütige Meer Millionenwerte entlang der deutschen Ostseeküste.

Kaum waren die ersten größeren Schäden geheilt, stürzte sich vierzehn Monate später, am 10. Februar 1874, abermals eine schwere Sturmflut auf die Insel Usedom und zerstörte den Rest des Dorfes Damerow. Als damals in ganz Deutschland die Bevölkerung durch private Geldspenden ihre Solidarität mit den Notstandsgebieten an der Ostseeküste bekundete, schrieb der greise Ferdinand Freiligrath, der Trompeter der 48er Revolution, in der „Augsburger Zeitung" das bereits erwähnte Gedicht: „Vineta allerorten". Darin schilderte er anschaulich die von den Sturmfluten auf Usedom angerichteten Verwüstungen:

> „Es brandet über Bäumen
> Und Häusern hier die See,
> Die Dünen wild zersplissen,
> Zerklüftet das Gestad,
> Vom Wasser fortgerissen
> Die Ernte samt der Saat . . ."

Wenn man heute auf diese Zeit zurückblickt, scheint es, als hätte sich das Unglück in den Jahrzehnten um die Jahrhundertwende gegen die Insel verschworen. Eine neue Sturmflut im Jahre 1883 versetzte der ganzen Insel einen schweren Schlag. Bei Damerow-Zempin zerstörte sie den künstlich angelegten Schutzdamm in einer Breite von 140 Metern und schwemmte vom Steilhang des Streckelberges mehr als zehn Meter ab. Nicht geringer waren die Verwüstungen, die Not und das Elend, das die Sturmfluten von 1880, 1887, 1894 und 1895 dem Land und seinen Bewohnern brachten.

Dann folgte der unheilvolle Silvestertag des Jahres 1904, der in den Alten die Erinnerung an die großen Sturmfluten der siebziger Jahre wach rief. Abermals stürzte sich das entfesselte Element des Meeres wie ein wildes Tier auf das Land. Unter seinem Anprall zerbrach nicht nur der Ruden, sondern auch die Insel Usedom bei Damerow in zwei Teile. Seine Kraft war so ungestüm, daß diesmal der Damm auf einer Breite von 300 Metern riß. Tagelang war das westliche Usedom von jedem Verkehr abgeschnitten. Wie in fernsten Zeiten bildeten Ostsee und Achterwasser dort, wo heute das Forsthaus steht, ein einziges Gewässer.

Ein Zempiner Fischhändler, den die Flut auf dem Heimweg von Koserow überraschte, geriet so tief ins Wasser, daß seine Pferde ertranken und er selbst nur unter großer Mühe gerettet werden konnte. In Grüssow erzählte mir ein alter Bauer aus der weitverzweigten Familie der Volckwardts in Erinnerung an jenen Unglückstag, daß damals auch das Achterwasser und der Borkensee im Lieper Winkel über die Ufer traten und das flache Land weithin überschwemmten. Das alles vollzog sich so überraschend und schnell, daß er, vom Sofa aufspringend, seine Holzschuhe schon zur Türe hinausschwimmen sah, bevor er dazukam, sie anzuziehen. Nur die Kinder, die die Größe der Not noch nicht begriffen, gondelten in Wäschezubern, Badewannen und Futtertrögen vergnügt durch die in Lagunen verwandelten Straßen der Küstenorte.

Nach zehn Ruhejahren war es wiederum eine Silvesternacht, die für die Insel verhängnisvoll wurde. Die von der Sturmflut um die Jahreswende 1913/14 auf Usedom angerichteten Verwüstungen erreichten nicht weniger als die vorangegangenen ein katastrophenartiges Ausmaß.

Seitdem haben größere Sturmfluten die Insel glücklicherweise nicht wieder heimgesucht. Heftige Stürme in den Herbst- und Frühjahrsmonaten, wie die von 1949, sind keine Seltenheit und kehren fast jährlich wieder.

Obwohl die Statistik zeigt, daß Sturmfluten in der Ostsee dreimal seltener vorkommen als in der Nordsee und sich hier durchschnittlich alle siebzehn Jahre wiederholen, so hat doch auch die Vergangenheit erwiesen, daß die Ostseesturmfluten weitaus gefährlicher auftreten als die in ihrem westlichen Schwestermeer.

Die so harmlos und friedlich scheinende Ostsee besitzt aber noch eine andere, gefährliche Tücke, das sind die „Seebären". Dabei handelt es sich um heftige und bis zu mehreren Metern hohe rhythmische Seespiegelschwankungen, die ganz überraschend bei ruhigem Wetter und oft auf ganz glatter See, hervorgerufen durch ein Luftdruckminimum, auftreten und ebenso unvermittelt wieder verschwinden. Seit 1775 sind etwa ein Dutzend Fälle dieser Art bekannt geworden. Auf der Nordsee mit ihren kraftvollen Gezeitenströmen ist diese Erscheinung unbekannt.

Es dürfte angebracht sein, in diesem Zusammenhang gleich ein erklärendes Wort über die Fluterscheinungen der Ostsee zu sagen. Unzählige Male werden im Laufe des Sommers die Fischer von den Badegästen gefragt: „Gibt es in der Ostsee Ebbe und Flut?" Diese Frage muß unbedingt mit ‚Ja' beantwortet werden. Die Ostsee ist ein flaches Binnenmeer, so daß der „Tidenhub", der Unterschied zwischen Hoch- und Niedrigwasser, den der Mond als Schwerarbeiter bewältigt, kaum wahrnehmbar ist. Während die Gezeitenströme noch zwischen Kattegat und Skagerrak einen Unterschied von 30 cm aufweisen, beträgt er bei Kiel nur noch sieben, bei Arkona und Usedom ungefähr zwei Zentimeter.

Wer über die Sturmfluten noch Näheres wissen möchte, wird beim aufmerksamen Studium der alten Chroniken und Urkunden feststellen, daß seit dem 12. Jahrhundert einhundert große Fluten die Ostseeküste heimsuchten. Die meisten davon verursachten auch auf Usedom erhebliche Schäden und Zerstörungen. Urkundlich wird die erste Sturmflut im Jahre 1182 erwähnt. Ihr folgt die nach dem Tage ihres Auftretens genannte „Allerheiligenflut" von 1309.

Übereinstimmend berichten mehrere zeitgenössische Schriftsteller und Chronisten, daß dieser Orkan in Verbindung mit einem Erd- oder Seebeben den Ruden von Mönchsgut auf Rügen trennte, was zur Entstehung des sogenannten „Neuen Tiefs" führte. Aus jener Zeit mögen noch eine Reihe anderer Veränderungen der Usedomer Küstenlinie stammen.

1741 zerstörte eine Sturmflut die Befestigungsarbeiten am Fuße des Streckelberges und durchbrach die Stranddünen bei Bansin, so daß die Fluten der Ostsee in den Schloonsee eindrangen. Die im Gefolge der Sturmflut von 1780 auftretenden, lang anhaltenden Seewinde stauten die Binnengewässer dermaßen auf, daß alle Brücken und Dämme hinweggerissen wurden und die Wiesen und Felder länger als drei Wochen unter Wasser standen.

Die Ausbesserung der Schäden dauerte oft Jahre, und die Bauern auf der Insel mußten beim Heranschaffen von Steinen, Baumstämmen und Faschinen mit ihren Gespannen schweren Burgdienst leisten. Vergeblich mühten sich die Bau- und Forstmeister, die Landbrücke bei Damerow und den Steilhang des Streckelberges zu befestigen. Alle Versuche scheiterten an der Kraft des Meeres. Selbst der Versuch, den Damm bei Damerow unter großem Kostenaufwand mit massiven Steinpackwerken zu sichern, mißlang. Schon zwei Jahre später war davon nichts mehr anzutreffen; die Wellen hatten die Steine fortgerissen und unter dem Sand begraben.

Die große Flut vom 4. April 1830, die die tosenden Wassermassen der Ostsee über die Dünen und die zum Strande führenden Straßen ins Achterwasser trieb, verwandelte auch den alten versandeten Strummin und die Stör-Lanke bei Zinnowitz in wild brausende Kanäle. Der Weltuntergang, den düstere Propheten schon oft vorausgesagt hatten, schien nahe zu sein. Verzweifelt versuchten sich die Zinnowitzer auf die Dachböden ihrer Häuser zu retten, wo sie die letzten Lebensmittelvorräte restlos aufzehrten. Groß war der Mangel, der nach dem Ablauf des Wassers auf der Insel fühlbar wurde.

Ein tragisches Schauspiel besonderer Art bot sich den Einwohnern Ahlbecks im Herbst 1814. An einem einzigen Tag strandeten zwischen Swinoujscie und Ahlbeck vierzehn Schiffe, wobei — wie Gadebusch berichtet — „mehrere Menschenleben verlorengingen und die Küste auf einer unübersehbaren Strecke mit Schiffstrümmern bedeckt war".

Dramatischer noch mag das Bild gewesen sein, das sich im April 1837 dicht vor dem Swinemünder Hafen der angstvoll harrenden Menge bot. Im dichten Schneetreiben strandete die englische Brigg „Waterloo". Sogleich nach dem Ertönen der Notglocke stiegen vierzig beherzte Swinemünder Seeleute in das bereitliegende Rettungsboot und kämpften sich durch die Wellen. Kaum aber hatten sie die englische Brigg erreicht, da schleuderte sie der Sturm erneut wie einen Spielball gegen den Strand. Drei Tage und drei Nächte währte der Kampf, während Frauen und Kinder von Angst, Zweifeln und Frost geschüttelt in den Dünen standen. Nachdem der Sturm nachgelassen hatte, gelang es erst, die erschöpfte Mannschaft zu retten. Ein Seemann war vor Hunger und Kälte schon an Bord gestorben, andere starben kurz darauf an den Folgen der überstandenen Strapazen.

Eigenartig und rauh bietet sich das Bild der Küste im Winter, wenn sich am Strand die Eisschollen zu bizarren Felsen türmen und der Schnee das Land in ein dickes, weißes Winterkleid hüllt. Dann glaubt man sich in eine ferne Polarlandschaft versetzt, und wenn im Dämmerdunkel mählich Licht für Licht in den Fenstern der Fischerhütten erglüht, dann erscheint Usedom so herb und karg wie in längst vergangenen Zeiten. Grenzenlos und leer liegen Meer und Land, und alles Leben ringsum scheint erloschen. In besonders strengen Wintern gleicht auch die Ostsee einer grauen Eisdecke, die sich aus den Schollen des Treibeises gebildet hat. Den alten Chroniken nach zu urteilen, bietet sich ein solches Ereignis ungefähr alle hundert Jahre einmal. Wie Kantzow behauptet, war die Ostsee im Winter 1323 zwischen Usedom-Rügen-Dänemark zehn Wochen lang so fest zugefroren, daß die Reisenden ihren Weg mit Schlitten über die Eisdecke nehmen konnten. Geschäftstüchtige Mönche stellten unterwegs Zelte und Hütten auf, in denen sich die Reisenden erwärmen und mit neuem Proviant versorgen konnten. Im Winter 1822/23 herrschte auf Usedom geradezu eine „grönländische Kälte". Das Thermometer sank mehrmals auf 32 Grad unter Null, so daß das Mark der Baumstämme gefror und die Krähen tot aus der Luft fielen.

Besonders schnell vollzog sich die Ausbreitung des Eises im Februar und März 1929. Zahlreiche Schiffe, die die rettenden Ostseehäfen nicht mehr erreichten, froren ein und trieben oft wochenlang mit dem Eise hin und her. Da es den Schiffen nicht gelang, sich aus eigener Kraft zu befreien, wurden zur Versorgung der Besatzungen Flugzeuge eingesetzt, die — wie in der Arktis üblich — die nötig-

sten Lebensmittel aus der Luft abwarfen. Als sich die Lage der
Eingeschlossenen immer bedrohlicher gestaltete, eilte der sowje-
tische Eisbrecher „Jermak" ungesäumt zu Hilfe und übernahm den
Rettungsdienst.

Solche seltenen Naturereignisse wird der Feriengast während der
kurzen Zeit seines Aufenthaltes wohl kaum erleben, und selbst
viele der einheimischen Fischer und Bauern kennen das meiste nur
vom Hören und Sagen. Aber es gibt auf Usedom einen recht be-
redten Zeugen für Katastrophen solcher Art, der aus eigener, leid-
voller Erfahrung vieles zu berichten weiß. Er war es, den es
immer am härtesten traf und dessen Fortbestand gerade jetzt
mehr denn jemals zuvor gefährdet ist. Ich meine den Streckelberg,
der selbst denjenigen unter den Lesern dieses Buches, die noch nicht
auf Usedom gewesen sind, nach all dem Vorhergesagten schon ein
guter, alter Bekannter geworden sein dürfte.

Lange Zeit trug dieser Berg, dessen hoher, kahler Nordhang weit
aufs Meer hinausschaute, in der Sprache der Fischer und Fahrensleute den Namen „witter Barg" (weißer Berg). Für die Bauern
der Umgebung war das ein gefahrdrohender Name. Der Wind
trug den flüchtigen Sand seiner Kuppe weit hinein ins Land bis

auf die Felder der Bauern von Damerow und Loddin und verwandelte den sowieso unfruchtbaren Boden in noch kärglicheres Ackerland.

Bestrebt, die Erträgnisse der königlichen Domänen und ihrer Vorwerke zu steigern, versuchte man bereits zu Beginn der Preußenzeit in der ersten Hälfte des 18. Jahrhunderts, den unruhigen Berg wie einen Hund an die Kette zu legen. Die unter großem Kostenaufwand durchgeführte Bepflanzung des flachen Südhanges zeitigte schon nach einigen Jahren ein befriedigendes Ergebnis. Heute gleicht hier der Untergrund mit seiner dicken Humusdecke und der stellenweise stark fortgeschrittenen Ortsteinbildung dem Buckel einer alten, buchenbestandenen Braundüne. Alle Versuche zur Befestigung des durch die Wühlarbeit des Meeres steil zur See abfallenden Nordhanges schlugen jedoch fehl, ganz gleich, auf welche Weise man versuchte, die beiden Gegner, Berg und Meer, voneinander zu trennen. So verlor der Streckelberg in jedem Jahr Stück um Stück kostbares Land. Landverluste bis zu zehn und zwölf Metern sind keine Seltenheit. Allen technischen Überlegungen zum Trotz erwies sich die Abrasionskraft des Meeres, die in jahrtausendewährender unermüdlicher Arbeit die mecklenburgisch-baltische Ausgleichsküste schuf, als siegreich und stärker.

Erst in den neunziger Jahren des vorigen Jahrhunderts erbaute man eine betongestärkte Schutzmauer in einer Länge von 320 Metern und so breit, daß man mit dem Auto darauf spazieren fahren kann. Flankiert von einem kilometerlangen Buhnen- und Faschinensystem, das von Zempin bis Kölpinsee reicht, vermochte dieses Millionenobjekt fast ein halbes Jahrhundert dem Meer erfolgreich die Stirn zu bieten. In dieser Zeit verschmolz der mit Bäumen und dichtem Unterholz bestandene Nordhang des Streckelberges mit seinem südlichen Teil zu einem einheitlichen Ganzen. Der Name „witter Barg" verlor seine Gültigkeit und geriet in Vergessenheit, und das Bauernland in seinem Rücken trug, von den Sandstürmen befreit, bessere Frucht.

Im Frühjahr 1949 schlug der Seesturm in das während des Krieges verwahrloste Mauerwerk die erste große Bresche. Wie es schien, war es damals nur ein unbedeutender Schaden, dessen Behebung wohl kaum mehr als 50- bis 80 000 DM erforderlich gemacht hätte.

Inzwischen haben am Fuße des künstlich befestigten Steilufers die brandenden Wellen das Mauerwerk immer weiter unterspült und das schützende und stützende Erd- und Gesteinsmaterial mit sich

176

gerissen. In großen Schollen, auf denen noch die Pflanzen, Sträucher und Bäume wurzeln, die Menschenhand darauf pflanzte, sinken von der Höhe immer neue Erdmassen hinab in die Tiefe. Eine breite, weiße Wunde zieht sich vom Scheitel bis zur Sohle quer über den Berg. Immer tiefer, immer breiter klafft der Spalt und wächst von Tag zu Tag. Auch die Stacheldrahtverhaue und Verbotstafeln, die den Strandwanderer unter Hinweis auf Lebensgefahr am Weitergehen verhindern, vermögen ihm nicht zu helfen. Wie die Koserower sagen, ist die Reparatur der Schutzmauer abermals zu einem Millionenobjekt angewachsen.

Heute trägt der Streckelberg in der Sprache der Fischer, die ihn von See her kaum anzublicken wagen, einen neuen Namen. Sie nennen ihn den „gespaltenen Berg". Der Zeitpunkt, an dem seine letzten Schollen ins Meer versinken und das Element triumphieren wird, ist schon vorauszusehen. Noch aber ist es nicht zu spät. In einer Zeit, in der menschliches Genie mit Tatkraft gepaart Wüsten in fruchtbare Gärten verwandelt, sollte es möglich sein, auch der Insel Usedom eines ihrer bedeutendsten Naturdenkmäler, den sagenumwobenen Streckelberg, zu erhalten.

Swante Woftroffna - Helgolanð ðer Oftfee

Es war ein merkwürdiges Zusammentreffen der Ereignisse. Am Morgen dieses Tages hatte ich am Strande in dem mehr als hundert Jahre alten norddeutschen Sagenbuch von Temme gelesen und darin die kleine Geschichte „Vom Bettler auf der Oie" entdeckt. Danach soll sich in einem der strengen Winter längst vergangener Zeiten folgendes zugetragen haben:

„Bis 1810 war noch niemals ein Bettler auf der Insel Oie gewesen. Da geschah es in einem strengen Winter, als die See von Peenemünde bis nach der Insel hin zugefroren war, daß ein Bettler auf den Einfall kam, die Eisbahn zu benutzen und auf der kleinen Insel, die nur drei Häuser zählte, zu betteln. Der alte Mann kam, ohne daß ihn jemand bemerkte, auf der Insel an und stellte sich sogleich unter die Tür des ersten Hauses, auf das er traf. Dort sagte er nach Bettlerart zuerst ein kurzes Gebet her und sang dann ein frommes Lied. Auf solche Weise hatten die Oier das Wort Gottes noch niemals gehört; alles, was in dem Hause war, lief hinaus zu dem armen Manne und holte ihn in die warme Stube, wo er bewirtet und reichlich beschenkt wurde. Dann führten sie ihn im Triumphe zum nächsten Hause, wo er wiederum singen und beten mußte und worauf er nun von allen zum dritten Hause geführt wurde, so daß hier die ganze Insel, groß und klein, Herrschaft und Gesinde, um ihn versammelt war. Die guten Leute überschütteten ihn so mit Kleidern und Lebensmitteln, daß er nicht imstande war, alles fortzutragen. Auch Geld bekam er, dreifach so viel, als er hatte erwarten können; die Dienstboten allein brachten über drei Taler für ihn auf. Als er die Insel verließ, waren die Leute sehr traurig, und er mußte ihnen versprechen, recht bald wiederzukommen."

Während ich noch über den tieferen Sinn des Histörchens nachdachte, das nicht nur für die Lauterkeit und Hilfsbereitschaft der Oier, sondern mehr noch für die abgeschiedene Lage ihrer Insel charakteristisch ist, stellte ein Fischer wenige Schritte von unserem Strandkorb entfernt eine Holztafel auf. Auch ohne hinzugehen wußte ich, daß das der ‚Fahrplan' des in Zinnowitz beheimateten Motorseglers „Möwe" war. An diesem Tage lud der Bootseigner zu einer Fahrt nach der Insel Oie ein. Nach kurzem Familienrat war der Entschluß gefaßt, daß wir uns diesmal nicht wieder die Gelegenheit entgehen lassen wollten, den Vorposten des Usedom-Rügenschen Seereviers aus eigener Anschauung kennenzulernen. Schon im Vorjahre hatte uns das ungünstige Wetter mehrmals die eigenen Pläne durchkreuzt.

So saßen wir kurze Zeit später inmitten einer kleinen, aber fröhlichen Reisegesellschaft in dem schmalen Boot, das sich mit Motorkraft fast mühelos den Weg durch die schwache Brandung in die offene See hinaus bahnte. Hinter uns schrumpfte das Land im Sonnenglast zu einem schmalen Silberstreifen zusammen, und die spitzen Türmchen der großen Häuser am Strand waren gerade noch zu sehen. In müden Rhythmen schlugen die Wellen gegen die Bootsplanken und ein paar Möwen, nimmermüde Segler, gaben uns das Geleit. Neben uns suchte ein jüngerer Mann seine Wißbegierde eifrig, aber wie es schien vergebens in einem alten Reiseführer zu befriedigen. Mehr als ein Dutzend Zeilen finden sich über die Oie weder im Grieben noch im Baedecker.

Aber gerade jetzt, während ich an diesem Abschnitt schreibe, kündigt der angesehene Gothaer Verlag Justus Perthes ein dickleibiges, prächtig ausgestattetes Buch über die Oie als Beitrag zur Inselkunde der Ostsee an. Allerdings sind inzwischen drei Jahre vergangen, und nicht jeder der wißbegierigen Werktätigen kann sich das kostspielige Werk anschaffen; so wird es auch in Zukunft meist nur in den großen Spezialbüchereien zu finden sein. Um aber den vielen aus- und unausgesprochenen Wünschen derer entgegenzukommen, die das Eiland näher kennenlernen und einen Blick in seine Geschichte tun möchten, nahm ich mir schon damals vor, in einer zukünftigen Heimatkunde der Insel Usedom auch der Greifswalder Oie einen Abschnitt einzuräumen.

Obwohl sich die Insel seit dem Mittelalter mehr westlich nach Wolgast, Kröslin und Greifswald hin orientierte, bleibt doch die Tatsache bestehen, daß sie geologisch bis zur Litorinasenkung fest mit Usedom zusammenhing. Noch heutigen Tages verbinden sie tausend unsichtbare Fäden — und sollten es nur die Erinnerungen und Erlebnisse der Sommergäste sein — mit der Bäderinsel, ihrem natürlichen Hinterland. Als „Helgoland der Ostsee", wie begeistert die einen, als „Capri des Nordens", wie schwärmerisch andere das etwa zweihundert Morgen große diluviale Felseneiland nennen, bildet die Greifswalder Oie allsommerlich einen Anziehungspunkt für viele Ausflügler.

Während mein Nachbar noch immer in seinem Baedecker suchte, brachte uns die „Möwe" mit dem kupferroten „Agfa-Segel" der Oie immer näher. Schon waren die kleine Lotsenstation neben dem Leuchtturm und das große Seemannsheim in der Mitte der Insel deutlich zu erkennen. Eine halbe Stunde später liefen wir an der Westseite der Insel in den kleinen Kastenhafen ein, der kurz nach der Errichtung des Leuchtturmes als Nothafen für die Küstenfischer erbaut wurde. Damals entstanden auch die Lotsen- und die Rettungsstation. So gleicht die Greifswalder Oie im wahrsten Sinne des Wortes einer schützenden Oase inmitten der weiten Wasserwüste, und schon manches Boot hat hier vor den tückischen Herbst- und Frühjahrsstürmen des Meeres Schutz gefunden.

Auf der schmalen Steinmole gingen wir erwartungsvoll dem „Heiligen Eiland", dem „Swante Wostrossna" entgegen, wie einst die westslawischen Stämme an der Ostseeküste das kleine Fleckchen Erde genannt hatten, auf dem sie ihrer Gottheit wie auf Arkona und dem Streckelberg einen Tempel errichteten.

Aus jener Zeit, da sich die Nordmänner zur Vernichtung Vinetas rüsteten, berichten die nordischen Sagen, besonders die Heimskringla (= Weltkreis), die „Geschichte vom König Olaf Tryggvissohn", der sich nach verlorener Seeschlacht von dem Steilufer im Nordteil der Insel ins Meer gestürzt haben soll. Angeblich lag in der Nähe der Oie noch ein anderes von der großen Sturmflut 1309 verschlungenes Eiland, Schwetze oder Swätze genannt. Johann Jacob Grümbke, der verdienstvolle Chronist Rügens, vertritt jedoch die Ansicht, daß es sich dabei nur um die in der altnordischen Geschichte unter dem Namen Sväldur oder Svälter Oe vorkommende Oie handeln kann, bei der im Jahre 1000 Tryggvissohn im Kampf gegen die Jomsvikinger unterlag. Svälte, so meint Grümbke, konnte durch unrichtige Schreibart (wie JUMNETA-VINETA d. Verf.) leicht in Svätza oder Schwetza umgewandelt werden. Diese Benennung ist aber nichts anderes als das slawische Eigenschaftswort „swjatyi", d. h. heilig, und bezieht sich auf die Oie.

Dieses wendischen Erbteils der schönen Insel müssen wir ebenso eingedenk sein, wenn wir sie besuchen, wie ihrer bewegten Vergangenheit in den folgenden Jahrhunderten, in deren Verlauf sie mehr als einmal den Besitzer wechselte und oft zu nichts Besseren? gut war, als deren Schulden zu bezahlen.

So gehörte die Insel im dreizehnten Jahrhundert zu Wolgast, deren Bewohner sie — wie eine Urkunde aus dem Jahre 1282 besagt — „zu ewigen Zeiten haben und behalten" sollten. Daß diese Ewigkeit kaum ein Dutzend Jahre währte, lag an dem Geldmangel der Herzöge aus dem Greifenhaus, die 1291 die Insel der jugendlichen Stadt Gripswold „vereigneten". Mit ihren Herren wechselte die Insel ihren Namen. Aus dem wendischen „Swante Wostrossna" entstand im Munde deutscher Einwanderer das plattdeutsche „Swante Wusterhusen", bis auch dieser Name durch „Greifswalder Oie" verdrängt wurde, unter dem wir die Insel noch heute auf den Karten finden.

Für die wohlhabende, rasch aufblühende Hansastadt bildete die Oie nicht nur einen wichtigen Fischereistützpunkt, sondern mehr noch eine prächtige Sommerweide des städtischen „Stutningshofes". Hier, wo an saftigem Weideland kein Mangel bestand, konnten die Pferde ganz sich selbst überlassen bleiben. Freilich mag an der steilen Nordküste mit ihren weitüberhängenden, trügerischen Grasnarben manches Tier in die Tiefe gestürzt sein. Von einem anderen, noch eigenartigeren Unglücksfall erzählt Micrälius im 6. Buch seiner Chronik: In einem strengen Winter flüchteten sich die Pferde, vor den rauhen Winden Schutz suchend, in die kleine Kapelle, die sich damals auf der Insel befand. Doch kaum hatte das letzte Pferd die rettende Unterkunft erreicht, warf der Wind mit einem kräftigen Stoß die eichene Kirchentür ins Schloß, und die eingesperrten Pferde mußten elendiglich verhungern.

Als Greifswald in der Schwedenzeit bei dem schwedisch-pommerschen Generalgouverneur Feldmarschall Carl Gustav Wrangel einen Kredit von 1000 Talern aufnahm, erhielt der Gläubiger die Oie zu lebenslänglichem Pfand. Wrangel duldete weder die Pferde noch die drei Bauern, die sich inzwischen hier angesiedelt hatten, auf der Insel. Er wünschte, bei der Ausübung seiner „noblen" Jagdpassionen nicht gestört zu werden, und betrachtete das Felseneiland als sein ureigenstes Jagdrevier, in dem er sich ebenso heimisch fühlte, wie sich vor ihm die Wolgaster und Stettiner Herzöge im Peenemünder Haken und im Thurbruch zu Hause gefühlt hatten. Erst sein Nachfolger, der schwedische Graf Brahe, ein naher Verwandter der schwedischen Oxenstjerna auf Mellenthin, gestattete den drei ausgesiedelten Bauernfamilien die Rückkehr auf die Insel.

Unter ihrem Pflug verwandelten sich das öde Weideland und die undurchdringlichen Waldungen in fruchtbares Ackerland. Die Abgeschlossenheit der von kaum mehr als dreißig Menschen bewohnten Insel läßt es verstehen, daß der Besuch eines Bettlers geradezu Aufsehen erregte. Eine Hochzeit bedeutete für die Oier schon ein geschichtliches Ereignis. Sonst besuchten nur die Möwen und zuweilen ein verbummelter Seehund die Insel.

Dafür fehlte es nicht an ungebetenen Gästen, die den weiten und bei stürmischer See recht gefahrvollen Weg übers Meer nicht scheuten und dafür sorgten, daß der bescheidene Wohlstand der Bauern auf der Oie nicht zu üppig gedieh. Das waren die nordischen Kriegsheere, die auf ihren Beutezügen niemals versäumten, der Insel einen Besuch abzustatten. Einmal — es war im Nordischen Krieg — erhielt jedes der drei Gehöfte hundert dänische Soldaten, also eine ganze Kompanie als Einquartierung. Nach ihrem Abzug sahen die Ställe ebenso kahl und verwüstet aus wie die umliegenden Waldungen auf der Insel. Ungebetene Gäste waren auch die obrigkeitlichen Steuereinnehmer, die dafür sorgten, daß der Krone kein Taler verlorenging. In der Schwedenzeit mußte jeder der Bauern 13 Taler, 16 Schilling und vier trockene Lachse zu 8 Pfund als Jahrespacht zahlen. Unter dem Preußenadler — 1841 — erhöhte sich die Pacht um das Doppelte und mit ihr das Gewicht der abzuliefernden Lachse.

Trotzdem bekamen die Oier die Knute der Leibeigenschaft längst nicht in dem Maße zu spüren wie die Bauern auf Usedom. Hand- und Gespanndienste blieben ihnen fremd. So entwickelten sie sich selbstbewußter und freier und beugten nicht gern um Herrengunst Knie und Nacken. Das stellte auch der Preußenkönig Friedrich Wilhelm IV. mißbilligend fest, als er 1854 die Insel besuchte. In einem der Bauernhäuser entdeckte er einen zeitgenössischen Stich von Gustav Kühn aus Neuruppin, der — lieblos an die Wand gezweckt und von Fliegen arg beschmutzt — das Herrscherpaar zeigte. „O, Elisabeth!" rief der König bei diesem Anblick entsetzt, „wie siehst du aus!" Gutmütig und ohne sich verwirren zu lassen brummte der Bauer: „Entschuldigen Sei, Herr König, dei Flegen hebben sei'n bäten besch...!" So soll es sich zugetragen haben, als der König anläßlich der Einweihung des vierzig Meter hohen, aus großen Geschieben und Ziegelsteinen erbauten Leuchtturms auf der Insel weilte.

Vom Hafen aus führte unser Weg zuerst zum Leuchtturm, mit dem die Oie ihr Symbol erhielt. Die aufblühende Handelsschiff-

fahrt im Anfang des 19. Jahrhunderts hatte seine Einrichtung längst zur dringenden Notwendigkeit werden lassen, da nicht selten ein des Weges nach Stralsund oder Saßnitz unkundiges Schiff bei Nachtzeit vor der Insel auf Grund lief. Seit hundert Jahren wachen hoch droben in der Wachtstube die Leuchtturmwärter für die Schiffe, die irgendwo in der Dunkelheit übers Meer ziehen.

Schwer und verantwortungsvoll ist ihr Beruf, der nur dem voller Romantik erscheinen mag, der zur Nachtzeit vom festen Lande aus die Lichtbündel des Feuers weitausholend übers Wasser greifen sieht. Die hellen Nächte des Sommers, in denen der Blick weit über das silberne Meer schweift und die weltverlorene Einsamkeit im hohen Turme mit reichem Gewinn aufwiegt, sind selten. Dann freilich mögen die Empfindungen des Wärters denen gleichen, die Goethe im „Lied des Türmers" gestaltet hat: „Zum Sehen geboren, zum Schauen bestellt!" Gleichförmig und still wie die Mechanik des Blinkfeuers verläuft in solchen Nächten sein Dienst.

Voll Unruhe aber scheint der massive Turm zu beben, wenn in den Monaten des Herbstes und des Winters Regenschauer, Schneetreiben und dicke, wattige Nebelschleier die Sicht verstellen und gierig die ausgeschickte Kennung aufsaugen. In solchen Nächten kommt es vor, daß der Sturm die Zugvögel zu Hunderten gegen das Blinkfeuer treibt und ihnen an den harten, blanken Glasscheiben die Köpfchen einschlägt.

Für die Beliebtheit, deren sich der Leuchtturm der Oie in weitem Umkreis erfreut, zeugt das Gästebuch im Schoße des Turmes. Andere freilich glaubten sich mit ihren Namen an den Wänden des Treppenhauses verewigen zu müssen, obwohl das Gästebuch, wie ich selbst vor einigen Jahren feststellen konnte, noch genügend Raum dafür bot.

Hoch oben von dem schmalen, mit eisernem Gitter umwehrten Rundgang aus genießt man den prächtigsten, 360 Grad umfassenden Rundblick über Meer und Land. Tief unter uns rauschte leise die See. Die Boote drüben im Hafen, die kleinen Häuser der Fischer und Bauern und das hochbeladene Erntegespann erinnerten an liebevoll aufgestelltes Kinderspielzeug. Still und ernst zogen in der Ferne weiße Haufenwolken herauf. Während wir uns so ganz der beglückenden Schau hingaben, wurde uns so recht der engbegrenzte Standort unseres eigenen Daseins fühlbar.

Der Leuchtturmwärter erzählte uns, daß die Stadt Greifswald 1885, als sie die Mittel zur Unterhaltung des Leuchtfeuers und der Rettungsstation nicht mehr aufbringen konnte, die Oie für 50 000 Mark an den Preußischen Staat verkaufte. — Obwohl das harmonische Zusammenleben der wenigen Familien auf der Insel geradezu an das der Sippen in der Urgemeinschaft erinnert, setzte ihnen der Vater Staat einen Dorfschulzen als Oberhaupt in ihre Mitte und sorgte auch sonst dafür, daß die Verbindung mit der Umwelt nicht ganz verloren ging. So wurde die Greifswalder Oie dem Kirchspiel und Postbezirk Kröslin zugeteilt. Daß der Pfarrer jedoch recht selten auf die Insel kam, beweist wiederum die Tatsache, daß man hier einen Bettler als Künder des Evangeliums betrachtete.

Der erste und letzte Weg im Leben eines Oiers führte seit altersher über die See. In Kröslin wurden die Kinder getauft und die Toten beerdigt. In der kleinen, hinter Dänholm und Peenemünder Schanze wohlverborgenen Gemeinde wohnten neben dem Pfarrer auch der Arzt und der Apotheker. Kriegszeiten machten den Weg nach dort unmöglich, und die Oier mögen in Krankheitsfällen mehr noch als die Winkelschen auf die zweifelhaften Weisheiten des alten „Flüsterbooks" angewiesen gewesen sein. Nicht besser war es um das Schulwesen auf der Insel bestellt. Mit dem Schulweg verband sich für die Kinder täglich eine vierstündige Seefahrt bis nach Peenemünde oder gar Wolgast, vorausgesetzt natürlich, daß die See nicht allzu stürmisch oder gar vereist war. Man kann wohl sagen, daß die Lebensumstände die

Kinder von der Oie schon frühzeitig zur Seefahrt erzogen, und als junge Burschen nahmen sie die Reeder gern als Schiffer in den Dienst.

Meist übernahmen die Kinder auf dem Schulweg nebenbei noch die Postbestellung und den Einkauf von Lebensmitteln, Petroleum und anderen Dingen, die nicht einmal die Hausierer denen auf der Insel ins Haus zu tragen gewillt waren. Nur gemahlen, gebacken und geschlachtet wurde auf der Insel selbst. Versorgungsschwierigkeiten blieben aber nicht aus und brachten oft Not und Verzweiflung in die Hütten.

Besonders niedergeschlagen waren die Kinder auf der Oie in den Vorweihnachtstagen des Jahres 1901. Seit Tagen schon hatten Frost und stürmisches Wetter jede Post- und Fährverbindung unterbrochen. Obwohl das Julfest immer näher rückte, wagte sich niemand über die trügerisch dünne Eisdecke, in der stellenweise große Lücken klafften, zum Festland hinüber, um die traditionellen drei Weihnachtsbäume zu holen. Da verbreitete sich gegen Mittag des 24. Dezembers vom Leuchtturm aus die freudige Kunde über die Insel: der Regierungsdampfer nimmt Kurs auf die Oie! Und so kam es, daß am Heiligen Abend doch noch die Kerzen am Weihnachtsbaum erstrahlten und ihren milden Lichtschein durch die unverhangenen Fenster zum Leuchtturm hinüberschickten, wo auch in dieser Nacht der Wärter seinen Dienst versah ...

Daß die Greifswalder Oie, deren einstige Größe die heutige mehrfach übertraf, auch erdgeschichtlich im Verlaufe der Jahrhunderte mancherlei erlebte, wurde schon eingangs angedeutet. Über spätere Veränderungen findet sich die Angabe, daß die Insel von 1728 bis 1819 mehr als 35 Meter von ihrem nördlichen Steilufer verlor. Einen Teil des abgespülten Erdreiches landeten die Wellen an dem die Insel umgebenden und wenig brauchbaren Schaar an. Um einem weiteren Verfall Einhalt zu gebieten, ist die Oie durch ausgedehnte Steinpackungen geschützt.

Doch selbst auf einem solch kleinen Eiland, wie es die Oie darstellt, bietet sich dem Naturforscher, besonders in dem „Busch" genannten kleinen Wäldchen auf der Ostseite mancherlei Interessantes. Hier, wo einst große Mengen wilden Knoblauches wuchsen, stehen heute zwischen den alten Weißbuchen, Ulmen, Linden, Eschen, Eichen und baumförmigen Weißdornbüschen, die einen Stammdurchmesser bis zu 50 cm aufweisen und oft eine Höhe von sechs, acht und mehr Metern erreichen, die bunten Kästen zahlreicher Bienenvölker. Für die Steineiche (Ilex aquifolium L.) gilt die Oie als Deutschlands östlichster Standort.

Das alles mochte jenen Berliner, der kurz nach dem Kriege auf der „Möwe" neben uns saß und während der Überfahrt zur Oie ungeduldig auf die Uhr sah, weniger interessieren. Als ich ihn fragte, was er sich von einem Besuch auf der kleinen Insel erhoffe, antwortete er ungeniert: „Dreierlei: Milch, Rührei und Rollmops!" Demnach hatte es sich schon bis Berlin herumgesprochen, daß sich die Bauern auf der Oie mitunter durch recht eigenartige „Reise-andenken" in der Erinnerung ihrer Besucher einzuschmeicheln ver-suchen.

*

Im Sommer, wenn ein plötzlicher Regenguß die alten, stumpfen Farben der Dinge fortgewaschen hat und unter den ersten zaghaften Sonnenstrahlen alles auf neue und eigene starke Art zu leuchten anhebt, wenn sich die goldenen Ährenfelder unterm Winde wiegen, wenn am Feldrain die roten Kleeblüten, blaues Vergißmeinnicht, buttergelber Löwenzahn und die vielen anderen kleinen Pflanzen, deren sonst der Wanderer kaum achtet, sich in der Sonne spreizen, Schmetterlinge in lustvollem Spiel über die Wiesen gaukeln und aus dem blühenden Dornbusch Vogelschlag klingt, dann erscheint das kleine Eiland in ein Paradies verwandelt. Schon immer war es mein Wunsch, hier einen Sommer des Schauens und Schaffens zu verbringen; denn näher als auf der Oie kann man dem Meer wohl nirgends sein.

Nun, da der Regen vorbei, wächst ein bunter Farbenbogen wie mit dem Zirkel geschlagen aus der grünblauen Flut und greift hinein in das verschwimmende Grau. Es ist ein wundersames Band, das gleichnishaft das kleine Eiland mit der langgestreckten südlichen Insel verbindet, der es in fernen Zeiten zugehörte. Der ruhige Flügelschlag der Möwen weist dem Blick die Richtung dorthin, wo sich unter der hellen Sonne, die dem Regenbogen behutsam seine Farben nimmt, einem feinen, weißen Striche gleich der Strand von Usedom breitet ... Was könnte man in solchen Augenblicken Tieferes und Größeres wünschen, als daß der Frieden dieses Insellandes fortdaure und nichts ihn störe.

Alle, alle werden helfen, daß niemals wieder ein Krieg wie so oft in den vergangenen Zeiten mit rauher Geste nach diesem Stückchen Erde greift und die schöne Sprache übertönt, die hier die Boote der Fischer am Strand, der Pflug des Bauern auf dem Feld, die stillen Seen und die grünen Wälder, Wasser, Wind und Wellen und die weite Welt der stummen DINGE sprechen.

Namen= und Sachregister